职业教育大客车驾驶专业规划教材

道路交通安全心理学

交通运输部运输服务司　**组织编写**

解　云　徐新春　**主　　编**

徐　彬　**副主编**

人民交通出版社股份有限公司

China Communications Press　Co.,Ltd.

内 容 提 要

本书为职业教育大客车驾驶专业规划教材之一,根据交通运输部办公厅、教育部办公厅、公安部办公厅、人力资源社会保障部办公厅联合下发的《关于开展大客车驾驶人职业教育试点工作的通知》(厅运字〔2014〕100 号)编写而成。本书主要内容包括:交通安全心理学概述、影响驾驶人安全行车的生理因素和心理因素、驾驶人的注意品质、交通环境与交通安全的认知、驾驶人的感知觉训练、驾驶人的判断与决策能力训练、驾驶人安全行车适应性训练、驾驶人情绪控制与心理适应性训练。

本书为大客车驾驶专业的核心教材,也可作为道路客运驾驶人素质提升的培训用书和参考用书。

图书在版编目(CIP)数据

道路交通安全心理学 / 解云,徐新春主编. —北京:
人民交通出版社股份有限公司, 2017.7 (2025.7重印)
职业教育大客车驾驶专业规划教材
ISBN 978-7-114-13843-0

Ⅰ.①道… Ⅱ.①解…②徐… Ⅲ.①交通运输安全
—应用心理学—职业教育—教材 Ⅳ.①U491-05

中国版本图书馆 CIP 数据核字(2017)第 112742 号

职业教育大客车驾驶专业规划教材

书　　名:**道路交通安全心理学**
著 作 者:解　云　徐新春
责任编辑:郭　跃
责任印制:张　凯
出版发行:人民交通出版社股份有限公司
地　　址:(100011)北京市朝阳区安定门外外馆斜街 3 号
网　　址:http://www.ccpcl.com.cn
销售电话:(010)85285911
总 经 销:人民交通出版社股份有限公司发行部
经　　销:各地新华书店
印　　刷:北京科印技术咨询服务有限公司数码印刷分部
开　　本:787×1092　1/16
印　　张:9.75
字　　数:220 千
版　　次:2017 年 7 月　第 1 版
印　　次:2025 年 7 月　第 3 次印刷
书　　号:ISBN 978-7-114-13843-0
定　　价:23.00 元
(有印刷、装订质量问题的图书由本公司负责调换)

职业教育大客车驾驶专业规划教材
编写委员会

（按姓氏笔画排列）

王　杨　　乔士俊　　祁晓峰　　李　斌

李　勤　　吴晓斌　　张开云　　张则雷

周　铭　　徐新春　　翁志新　　郭　跃

凌　晨　　蒋志伟　　解　云　　戴良鸿

前　言
FOREWORD

为进一步贯彻落实《国务院关于加强道路交通安全工作的意见》(国发〔2012〕30号)的有关要求，"将大客车驾驶人培养纳入国家职业教育体系，努力解决高素质客运驾驶人短缺问题"，经交通运输部、教育部、公安部和人力资源社会保障部共同研究，于2014年07月29日发文《关于开展大客车驾驶人职业教育试点工作的通知》(厅运字〔2014〕100号)，决定在江苏、安徽、云南三省各选取一至两所具备资质的职业技术学院、高级技工学校，开展大客车驾驶人职业教育试点工作。为了认真落实通知精神，提升大客车驾驶人职业教育的办学水平，人民交通出版社受交通运输部委托，特组织试点院校编写职业教育大客车驾驶专业规划教材，以供本专业教学使用。

本套教材总结了全国交通高级技工学校、技师学院多年的专业教学经验，结合道路客运企业对大客车驾驶人的特殊要求，注重以学生就业为导向，以培养能力为本位，教材内容符合大客车驾驶专业教学改革精神，适应道路客运企业对大客车驾驶技能型紧缺人才的要求。本套教材中部分教材内容是在江苏汽车技师学院《大客车驾驶专业教学标准和课程标准》研究课题的课程体系框架下确定的，本套教材具有以下特色：

1. 按照交通行业职业技能规范和国家职业资格标准构建课程体系和教材体系。本套教材遵循大客车驾驶学制培养的具体要求，为贯彻国家职业资格标准，保证提高大客车驾驶专业学生的技术素质和服务质量奠定了良好的基础。

2. 本套教材注重实用性，体现先进性，保证科学性，突出实践性，贯穿可操作性，反映了汽车工业的新知识、新技术、新工艺和新标准，其工艺过程尽可能与当前生产情景一致。

3. 本套教材体现了汽车驾驶高级工应知应会的知识技能要求，更注重了汽车驾驶传统经验与现代大客车技术的有机结合。

4. 本套教材文字简洁，通俗易懂，以图代文，图文并茂，形象直观，形式生动，容易培养学生的学习兴趣，提高学习效果。

《道路交通安全心理学》为本套教材之一，主要内容包括：交通安全心理学概述、影响驾驶人安全行车的生理和心理因素、驾驶人的注意品质、交通环境与交通安全的认知、驾驶人的感知觉训练、驾驶人的判断与决策能力训练、驾驶人安全行车适应性训练、驾驶人情绪控制与心理适应性训练。

本书由合肥职业技术学院解云和徐新春担任主编，由徐彬担任副主编，由该校解云和范亚运负责统稿。第一章、第二章由解云编写，第三章、第八章由徐彬编写，第四章、第五章由云南交通技师学院赵文英编写，第六章、第七章由杭州技师学院李婷编写，第九章由徐新春编写。

限于编者水平，加之大客车驾驶专业在全国已停办数年，书中难免有不当之处，敬请广大院校师生提出意见和建议，以便再版时完善。

编写委员会
2017 年 3 月

目　录

CONTENTS

第一章　交通安全心理学概述

1. 了解心理学的定义、任务及内容。
2. 熟知道路交通参与人的心理特征。
3. 掌握道路交通安全心理学基本内容。
4. 熟练掌握行人交通心理、驾驶人交通心理、学员交通心理特性。
5. 熟练运用交通安全心理指导驾驶技能学习。

案例分析

　　路怒症,顾名思义就是带着愤怒去开车,指机动车驾驶人有攻击性或愤怒的行为。"路怒"(roadrage)一词被收入新版牛津词语大辞典,用以形容交通阻塞情况下开车压力与挫折所导致的愤怒情绪。网络调查结果表明,我国有60.72%的驾驶人有路怒症,其中,因堵车和路况不佳导致动怒的有48.1%;因看到别人违章,影响到自己行车而动怒的有39.8%;因周边车辆加塞或者超车而动怒的有29.7%;因新手开车不懂规则而动怒的有22.9%。

　　开车上路,避免路怒症的方法很多,不妨尝试以下做法:学会自我减压,切勿将不良情绪带至车内;参加安全驾驶心理培训与测评,养成安全文明驾驶习惯;开窗让新鲜空气进入车厢,做几次深呼吸,调整自己的情绪;听收音机或听比较轻松的音乐,具备条件时可将车辆停在路边稍事休息;出发前准备周全,避免因匆忙出门忘记物品而导致不良情绪。

　　交通安全心理学是心理学的一个分支学科,主要研究机动车驾驶人、行人等在交通活动过程中的心理活动规律和个性心理特征。心理活动是指人的认识活动、情绪、意志等心理过程。个性心理特征是指人的能力、性格方面的差异。驾驶人的活动是在人、车辆、道路、环境、气候等相互作用的因素组成的复杂条件下进行的。

第一节　心理学概述

一、心理学的含义

(一)心理学的概念

"心理学"(psychology)一词是由希腊文 psyche 和 logos 两词合成演变而来。psyche 意指

"灵魂",logos 意指"知识"或"论述"。因此,心理学是研究人的心理现象及其规律的科学。

(二)心理学的研究对象

每门学科都有自己的研究领域和对象,心理学的研究对象就是心理现象及其规律。心理现象是指人的心理活动表现出来的各种形式、形态或状态,如感觉、知觉、想象、思维、记忆、情感、意志、气质、性格等。人的心理活动分为心理过程、个性心理和心理状态三个方面。

1. 心理过程

心理过程指在人的认识、情感、意志行动方面表现出来的心理活动,它们经常处于动态变化的过程中。当人们集中注意观察当前的事物时,即产生了感觉和知觉这样的心理活动;感觉和知觉则是人脑对直接作用于感觉器官的各种事物个别属性和一般意义的认知。当人们在感觉和知觉的基础上进一步思考时,即产生了思维活动;思维是人脑对客观事物的一种间接、概括的反映,以进一步获得事物本质属性和内在联系的认知。当感知过的事物已不在眼前时,在人脑中还会再次浮现该事物的形象,心理学称之为表象。而表象在人脑中再加工改造的过程,即产生着想象活动;想象是人的形象思维和创新事物的一种特有的心理现象。感觉、知觉、表象、思维和想象等这些心理活动是一个连续的过程,而对构成这个连续过程起重要作用的一种心理条件,就是人对曾经历过的各种事物大多会以某种痕迹铭记在头脑中,并在一定条件下,通过一定方式回想起来,并继续参与到各种心理活动中去,这种现象,我们称之为记忆。记忆是人对过去经验的反映,它也是人类极其重要的一种心理现象,就是人们经常表现出来的,对客观事物和对象在认识方面的心理活动。

2. 个性心理

个性心理指一个人在心理过程的发展进程中经常表现出来的那些比较稳定的心理倾向和心理特点。在复杂的现实生活中,由于人所处的环境和所受教育的差异以及自身各种因素的不同,在形成需要、动机、兴趣、信念、理想和价值观等方面,总会有这样或那样的个别差异。人们在能力、气质和性格等方面所表现出来的这些差异,心理学统称为个性心理特点。个性倾向性和个性心理特点有机地、综合地体现在一个人的身上,也就构成了一个人完整的个性心理,或简称个性。

3. 心理状态

在心理活动的进程中,或从心理过程到个性心理特点形成的过渡阶段,常常会出现一种相对持续的状态。这类心理现象,我们称之为心理状态。例如,伴随着心理过程的注意状态;在创造性思维过程中出现的灵感状态;在情绪过程中出现的心境状态、激情状态;在意志过程中表现出来的信心、决心和犹豫状态等。这些心理状态,只是在心理活动的进程中,在一定的时限出现的某种相对持续的状态,它既不像心理过程那样动态、变化,也不同于个性心理特点那样持久、稳定。

二、心理学的任务

(一)描述

描述即对心理事实用科学语言予以叙述,以便人们认识它,只说明事实的真相,不探究问题发生的原因。因此,心理学的描述不仅借助于语言文字,而且借助于数字、公式、图示等。例如,以一份标准化智力试卷测试一群小学生,就可以计算出每一名学生的智商,再据以叙述每一名学生的智力在这个集体中所占的地位。正是由于有了科学的描述,人们对心理现象的认识才不再感到无从下手。

(二)解释

解释是对个体行为作进一步分析,探索产生该行为的可能原因。人的心理的产生、发展和变化,包括某种特定性格的形成和改变,都必定依存于一定的条件。找出这些依存条件及其内在的关系和联系,才能对心理现象给予科学的解释。例如每年的5、6月间,高三年级学生患病的人数比其他月份高出许多。研究者在分析发生这个现象的原因时,可能解释为与高考压力有关。一般来说,生理特点、年龄因素、个人经历、生活方式和环境影响等,都可能成为解释心理的依据。当然,具体成因则因人而异。

(三)预测

预测是根据现有的资料,估计将来某一事件发生的可能性。心理学不是算命学,但心理学能够运用科学分析手段,在一定程度上预知个体心理和群体心理的发展趋势、表现特点等。这并不神秘,因为心理活动也罢,心理特征也罢,都依条件而发生和变化,掌握了这种关系,就可能预测未来。例如,根据青少年心理的发展规律,能预测青少年今后会表现出某种行为和呈现某种心理特点。心理学的理论不但具有解释行为的功能,同时也有具有预测行为的功能。

(四)控制

研究心理是为了有效地调控人的心理,使之利于社会、群体和个人的健全发展,这是心理学的根本任务。心理学要做的工作,就是通过控制影响心理的因素来控制心理,减少心理因素的消极影响,增强心理素质的积极影响。例如,人类的心理疾病是可以避免的,加强心理健康教育,将有助于控制心理疾病的发生。心理学是联系环境因素、机体因素和心理因素来研究心理的有效控制,其中控制影响心理的因素尤其重要。

(五)提升

心理学研究的主要对象是人,许多心理学家从事心理学的应用研究,其主要目的是提高人类的生活品质。将心理学的研究成果,应用到生活的各个层面,或直接利用心理学基础研究发现的理论,提出改善生活品质的建议,成为目前许多心理学家所努力的方向。例如,工程心理学是探讨人类日常生活和工作中的人与工具、设备、机器及周遭环境之间交互作用的关系,以及如何去设计那些会影响到人的事物及环境,其目的是使工程设计与人的身心特点相匹配,从而提高系统效率、保障人机安全,并使人在系统中能够有效而舒适地工作。其根本目的是提升人类的生活品质和生活质量。

三、心理学的内容

心理学的研究对象是丰富复杂的心理现象及心理活动,这就决定了心理学的研究内容不可能简约单纯。现代心理学主要有三个基本特点,第一是着重揭示心理和行为的规律,进而对心理和行为的发生、发展进行预测;第二是特别重视人的高级心理过程和社会行为的研究;第三是广泛吸收临近学科的研究成果,参与交叉学科的攻关研究。

随着心理学的发展和社会生活的变迁,心理学研究的内容也越来越多,范围也越来越广泛,主要内容有以下五个方面。

(一)行为与心理的生物基础

心理学主要研究身心关系演变,重点在于探讨神经系统、内分泌系统、个体生命起源及遗传机制等,从而了解心理与行为和生理功能的关系。

(二)感觉、知觉与意识

心理学深入研究身心关系问题,借助于现代化的科学方法与工具,研究个体如何经感官获得感觉,进而对其周围环境有所了解与认识。

(三)学习、记忆与思维

心理学主要研究知识来源问题,其目的在于探讨个体对外在信息如何学习、记忆、思维,如何从中学到知识、解决问题。

(四)动机与情绪

心理学主要研究自由意志问题,探讨个体行为发生的原因、个体行为的自主性与选择性,从而解答个体在决定其行为表现时是处于被动或自动的问题。

(五)个别差异

心理学主要研究心理正常与变异问题,探讨个体共性之外的个别差异问题。心理学研究个别差异主要集中在能力差异与性格差异。研究个别差异的目的,除了探讨形成差异的原因之外,还为学校因材施教提供理论依据。

第二节　个性心理特征

个性心理特征是指个体在社会活动中表现出来的比较稳定的成分,包括性格、气质和能力。个性的特征具有先天性和后天性、共同性和差异性、稳定性和可变性、独立性和统一性、客观性和能动性。个性心理特征的形成具有相对稳定性,其含义是通过一段时间的了解,看到这个人的一些行为表现才产生这样的评价,例如说一个人脾气暴躁、性格外向等。

一、性格

性格是个性心理特征中的核心部分,它是一个人稳定的态度系统和相应习惯了的行为风格的心理特征。人与人的个性差别首先表现在性格上。性格是在社会生活实践过程中逐步形成的。由于各人所处的客观环境不一样,先天的素质不同,形成了各种类型的性格。例如,一个人在任何场合都表现出对人热情、与人为善,这种对人对事的稳定态度和习惯化的行为方式表现出的心理特征就是性格。

性格是一种习惯化的态度和行为方式,一个人偶尔表现的特点不是性格的表现。性格主要是后天在与环境的交互作用中形成的,有"环境塑造性格"之说。性格与气质是两个完全不同的概念,但二者具有相互作用。首先,它们同时受到神经类型的影响,但对气质来说,神经类型是其直接的生理基础,而对性格来说,神经类型只是它的生物基础,性格的养成主要受到后天环境的影响。其次,性格的表述可以从现实生活的表属性词汇中找到。再次,二者虽然一脉相承,但是,具有类似气质的个性可以由于日后环境的变化而具有完全不同的性格。所以,气质具有相对稳定性,而性格却可以发生很大的变化。

人的性格分很多类型,根据知、情、意三者在性格中何者占优势,把人们的性格划分为理智型、情绪型和意志型。理智型的人,通常以理智来评价、支配和控制自己的行动;情绪型的人,往往不善于思考,其言行举止易受情绪左右;意志型的人一般表现为行动目标明确,主动积极。根据人的心理活动倾向于外部还是内部,把人们的性格分为外向型和内向型。

二、气质

气质是由人的姿态、样貌、穿着、性格、行为等元素结合起来的,给别人的一种总体感觉。气质是指人典型的、稳定的心理特点,包括心理活动的速度(如语言、感知及思维的速度等)、强度(如情绪体验的强弱、意志的强弱等)、稳定性(如注意力集中时间的长短等)和指向性(如内向型、外向型)。这些特征的不同组合,便构成了个人的气质形态,它使人的全部心理活动都染上了个性化的色彩,属于人的性格特征之一。人的气质差异是先天形成的,受神经系统活动过程的特性所制约。如孩子刚一出生时,最先表现出来的差异就是气质差异,有的孩子爱哭好动,有的孩子平稳安静。

气质是人的天性,无好坏之分。它只给人们的言行涂上某种色彩,但不能决定人的社会价值,也不直接具有社会道德评价含义。一个人的活泼与稳重不能决定其为人处世的方向,任何一种气质类型的人既可以成为品德高尚、有益于社会的人,也可以成为道德败坏、有害于社会的人。气质不能决定一个人的成就,任何气质的人只要经过自己的努力,都能在不同实践领域中取得成就,也可能成为平庸无为的人。

三、能力

能力是使人能成功完成某项活动所必须具备的心理特征。它与气质和性格的不同表现在能力必须通过活动才能体现出来,当然活动中也会体现出性格和气质方面的差异,但完成该项活动所必须和必备的心理特征才是能力。例如,完成一幅绘画作品的活动需要具备色彩鉴别能力、形象思维能力、空间想象能力等不同能力的有机组合。能力并不等同于知识和技能,知识是信息在头脑中的储存,技能是个人掌握的动作方式。解一道数学题时,所用的定义和公式属于知识,解题过程中的思维灵活性和严密性则属于能力;学会骑自行车是一种技能,而掌握该技能的过程中体现出的灵活性、身体平衡性则是一种能力。

(一)模仿能力和创造能力

模仿能力指对于既有行为模式模仿复制的能力。创造能力是与发散思维有关的能力,是新的思维组织产生的能力。

（二）一般能力和特殊能力

一般能力是一个人在普遍活动中表现出来的能力,如记忆力。特殊能力是人在特殊情况下表现出的能力,如演讲能力。

（三）认知能力、操作能力和社交能力

认知能力指认知相关的能力,包括记忆、思维、想象等。操作能力是一个人控制肢体运动的能力。社交能力指人在社会交往中运用的综合社会能力。

驾驶能力指驾驶人(学员)在顺利完成汽车驾驶活动所必备的个性心理特征的特殊表现。汽车驾驶是一个复杂的智力技能过程,智力水平低的学员对操作动作的领悟力相对较差,且难于熟练应对复杂的交通场景,智力水平较高有利于技能形成。但智力不能完全代表学员驾驶操作技能的接受和掌握能力。相对而言,中等智力水平的驾驶人更能安全地驾驶。

第三节　道路交通安全心理学概述

一、交通心理学

随着道路运输行业的发展,道路上的车流密度越来越大,道路交通事故日益增多。为保证道路交通安全,需要对产生事故的原因进行分析,对组成交通系统的各要素做具体研究。

交通心理学主要研究机动车驾驶人和交通参与人在交通过程中的心理活动规律和个性心理特征。驾驶人的活动是在人、车辆、道路、环境、气候等相互作用的因素组成的复杂条件下进行的。

驾驶人和交通参与人通过眼睛、耳朵等感觉器官认识交通环境,利用感知的材料和已有的知识进行分析、思考,进而做出正确判断,采取某种措施,以保证行为无误。在处理事物的过程中,驾驶人不但有各种心理活动,而且个人还表现出不同的特点,如技术水平高低、能力大小、性格差异等。

交通心理学主要研究驾驶人的视觉、听觉、触觉、平衡感觉、情绪、注意力、反应等特性及其与驾驶机能的关系;道路线形、坡度、道路设施、交通环境对驾驶人的心理作用;酒精和药物对驾驶人驾驶机能的影响以及驾驶人体内酒精含量的检查方法;驾驶人驾驶疲劳的规律、测定方法和指标;驾驶人对外界刺激的适应性的检查方法与考核方法;驾驶人(行人)的因素造成的事故分析;行人过街时的心理状态和行为,行人肇事与本人年龄、性别、过街速度、过街地点及道路宽度的关系等。

交通心理学主要采用观察与试验的方法,观察是对已有情况进行分析归纳,预测人的反应,如观察行人过街时的规律;试验是通过控制和改变条件,对发生的现象进行分析,如交通心理试验室,采用精密仪器和自动控制产生刺激和记录受试者的反应,在试验室内可以模拟各种驾驶条件,如用模拟车辆测定驾驶人的反应时间;用测量皮肤电流、脑电图、脉搏跳动、呼吸状态的方法,判定驾驶人在行车过程中的情绪变化。

二、行人交通心理特性

（一）行人交通特性及相关因素

驾驶人并不是唯一的道路使用者,步行交通是与人类生活密不可分的一项活动。步行能够使个人与环境及他人直接接触,达到生活、工作、交往、娱乐等各种目的。要保证道路交通系统的安全,所有的道路使用者之间应当是协调的,在交通系统中,行人是弱者,最易受到伤害。因此必须加强对行人交通的管理,例如对行人的教育;设置人行道、人行过街横道;安装专用行人过街信号,护栏;设置安全带、安全岛、行人过街地道、架设过街天桥、照明等。

行人交通特征表现在行人的速度、对个人空间的要求、步行时的注意力等方面。这些与行人的年龄、性别、目的、教养、心境、体质等因素有关,也与行人所处的区域、周围的环境、街景、交通状况等有关。

通过对行人交通状况实地观测和分析发现,行人的步行速度平均值为 $1.03 \sim 1.28 \text{m/s}$,男性的步行速度比女性快,步行速度随行人流密度增大而下降。

在道路上的行人一般认为,避开车辆碰撞比遵守交通规则还重要。行人的想法往往是过高地信赖机动车(驾驶人)遵章行驶,而自己却愿意做一个自由者随便走。如一个行人为了穿越道路方便,可能就要在人行横道线以外斜穿,甚至在汽车前、后方危险穿过,这样的意识支配着腿脚迅速行走,生活中是比较常见的现象。

（二）行人过街特点

行人在横过街道时,大多注意自己左方车辆的交通情况,很少注意右方车辆的交通情况,只有少数行人是左右兼顾的。从行人事故类型中,我们可以看到,多数行人事故是由于行人仅注意自己左方车辆情况而未注意右方向车辆情况所引起的。

由于过街行人在性别、年龄和人数上的差别,过街目的和心理状况各异,表现出的行为特征也明显不同。

1. 过街目的不同,选择路线不同

上下班或去处理紧急事务事,心里有紧迫感,希望赶快到达目的地,因此,选择抄近路,走直线;游览、散步等目的是休息,有轻松感,则喜欢起走曲折的长路,以便边走边欣赏景色;购物时注意力集中在商店和商品上,步行线路、方向和步速随意性强。

2. 心理状况不同,行为方式不同

行人群体是复杂的,有性别、年龄、职业、个性等差别,反映出不同的心理,他们过街方式的选择上也有所不同。儿童过街喜欢快走,跑步,在不同方向上乱跑;老年人动作缓慢,总是选择安全的方式过街;成年人大多目的明确,喜欢抄近路、走最短路线等。

3. 行人在过街时的危险程度与过街人数有关

行人数量多,驾驶人警惕性高,安全程度高;行人数量少,不易引起驾驶人的注意,危险程度则大。

（三）儿童交通特性

由于儿童智力发育不健全，思想简单，他们缺乏在道路上安全步行的常识与判断能力，经常冒险从汽车前后穿越，特别容易发生交通事故。特别是 10 岁以下的儿童，对交通安全知识不够了解，而且他们的注意力很容易分散，对交通信号的理解也不一定正确。少数儿童对复杂交通环境不可能完全适应，对距离的判断也不准确，一般来讲，儿童对距离的判断差异性比成年人大两倍，也就是说，他们对距离的判断很少是正确的。在危险的情况下，儿童不能正确判断，甚至出现反复无常的状况，如在横过道路遇到车辆高速行驶过来时，不知道迅速避让，反而站在道路中间哭叫。成年人在进入平面交叉路口时能判断交通情况，懂得利用适当的交通间隙，而儿童在进入平面交叉路口时不能正确判断交通情况，不懂得利用适当的交通间隙，他们横过道路速度变化不定，不具备成年人的视情决策能力。

三、驾驶人交通心理特性

驾驶人通过视觉、听觉、触觉等器官从交通环境中获得信息，经过大脑迅速处理后做出判断，再支配手、脚的运动操纵汽车，使汽车按驾驶人的意愿在道路上运行。如果在信息的收集、处理判断和操作的某一环节上发生差错，就可能引起交通事故。所以，驾驶人的素质好坏，对交通安全有着决定性影响。

根据交通事故统计分析表明，道路交通事故案件中有一半以上的事故直接或间接与驾驶人有关。

（一）感觉与知觉

驾驶人认识周围环境是从最简单的生理活动——感觉开始的，感觉是对客观物体个别属性的反应。人体器官具有不同的感觉，如听觉、嗅觉、味觉、触觉、动觉和平衡觉。

不同的感觉器官给驾驶人提供信息数比例不同，一般情况下，视觉占 80%，听觉占 14%，触觉占 2%，嗅觉占 2%。可见，最重要的是视觉，视觉给驾驶人提供交通情况信息。听觉使驾驶人根据声音信息区分汽车简单的故障等。关节肌肉、中枢神经通过感觉给驾驶人提供行车方向和行车的速度的信息。根据这些感觉，驾驶人可以判断车速、前进方向、加速或减速。

知觉是对整个物体的认识。例如，驾驶人在行车过程中先区分道路上的物体是石头还是纸，是硬的还是软的，是尖的还是圆的，而后决定保持还是改变行车方向或者改变行车速度。

（二）视觉

所谓视觉，就是外界光线刺激经过视觉器官在脑中引起的生理反应。驾驶人在行车过程中，主要依靠两只眼睛收集信息，驾驶人对外界认识80%来自视觉，所以，对视觉技能的检查是考核驾驶人的重要内容。

1. 视力

眼睛分辨两物点之间最小距离的能力叫作视力。视力有静视力、动视力及夜间视力之分。

（1）静视力。静视力就是静止时的视力。我国对机动车驾驶驾驶人体检视力标准为两眼睛的视力各应不低于 0.7。

（2）动视力。动视力指驾驶人在运动中的视力，通常是随着车速的上升而下降，一般车速提高 33%，视认距离减少 36%。如车辆以 60km/h 的速度行驶，驾驶人的视认距离为 240m，当车辆以 80km/h 的速度行驶时，则驾驶人的视认距离会下降到 160m。为保证驾驶人在发现前方有障碍物时，能有足够的时间辨认和采取措施，希望车速提高时驾驶人的视认距离能相应地增加，但由于人的生理条件有限，其结果恰恰相反，因此，保证安全车速行驶非常重要。此外，动视力还与驾驶人的年龄有关，年龄越大，动视力下降的幅度也越大。

行车中，驾驶人对于车外环境的判别能力也发生变化，知觉的判断能力在行车中与静止时完全不同。车辆高速行驶，驾驶人因注视前方，因而视野变窄。试验证明，车速为 40km/h，驾驶人的视野低于 100°；车速为 70km/h 时，驾驶人的视野低于 65°；车速为 100km/h 时，驾驶人的视野低于 40°。因此，设计较高行驶速度的道路（特别是高速公路）时，要采取封闭式，以禁止行人和非机动车进入车道，避免发生危险。按此规律，高速公路上的交通标志都应设在车道上方。

（3）夜间视力。在黑暗环境中的视力称为夜间视力。夜间视力与亮度有关，位于明亮地方的物体，容易被看见，位于黑暗中的物体，不易被看见。对于驾驶人来说，黄昏是最不利的时刻，因为在黄昏时刻光线较暗，即使行驶中使用汽车前照灯照明，由于灯光亮度与周围亮度相差不大，所以，驾驶人不易看清自己车辆附近的车辆和行人。

在夜间行车条件，驾驶人的视觉能力会大幅下降。试验证明，在无外物照明，只用汽车前照明灯照明的条件下，驾驶人辨认一个身穿白颜色衣服的行人，当他距车 82.5m 左右时，驾驶人就能看见白色物体；距车 42.9m 左右时，能判定是一个人；距车 19m 时，则可看清人的动向。因此，夜间行车的驾驶人既要控制好车速，又要注意观察。

2. 视力适应性

由明处到暗处，眼睛逐渐习惯，视力恢复，叫暗适应；由暗处到明处，眼睛逐渐习惯，视力恢复，叫明适应。

经验得知，人的暗适应比明适应所需要时间长。如驾驶人由隧道外面进入隧道内时，大约会产生 10s 的暗适应，由隧道内出隧道出口时，大约会产生 1s 的明适应。

为防止视觉危害，通常采取一系列的措施，如在城区到郊区的交界处，将路灯的距离慢慢拉长，缓缓减低前照灯的照度，这样让夜晚开车出城的驾驶人慢慢适应暗适应；在隧道入口处应设有缓和照明，以减少视觉障碍，并在路旁设立"隧道内注意开灯"的标志等。

3. 视觉敏锐度与视差

视觉敏锐度是指分辨细小的或遥远的物体或物体细部的能力。在一定的条件下，眼睛能分辨的物体越小，视觉的敏锐度越高。视觉敏锐度是视力好坏的一个重要标志。良好的视觉，可以较早地认识和确定目标，能减少总反应时间，驾驶人的年龄对视觉敏锐度有影响，年龄越大，视觉敏锐度越低。

视差也称为错觉，错觉是对外界事物的一种不正确知觉。如在改建道路时，施工人员往往将道路路面一分为二,一半进行改建,一半留着通车,可是驾驶人总觉得翻修的那半幅路宽,而维持通行车辆的这半幅路窄,这就是驾驶人对客观现象观察中产生的错觉。

(三)注意

注意是心理活动,是指对个人具有意义的事件、事物的指向和集中。在道路交通系统中,驾驶人面临的道路环境状况和物体都很多,但驾驶人并不需要感知所有的事物,而是带有选择性地感知其中与交通活动有关的事物。当驾驶人的感知觉器官指向这些事物,并且集中在这些事物上时,这种心理现象就是注意。而被注意的东西就成为一系列知觉和运动事件的"目标"。

注意是驾驶人心理活动处于积极状态的表现。对于驾驶人来说,重要的不是看见目标,而是要了解所看见的目标。不注意的驾驶人,其特点是不太关心道路和周围情况,而牵挂于其他事物,即使看见危险情况也不理解其状态。不注意是采取错误决定的原因之一,也是导致交通事故的原因之一。

驾驶人应当有分配注意的能力,以便同时接收几个信号,同时完成几个动作。试验证明,同一视线可容纳 4~6 个目标,驾驶人分配到各个目标上的注意量是不同的,它受外部的环境需要和内部的动机所影响,分配于驾驶人任务的注意取决于道路环境。当环境需要增加时,驾驶人分配与驾驶任务的注意量也相应增加;当环境需要减少时,分配的注意量也减少。注意力灵活程度对驾驶人来说很重要,依靠注意力的灵活性,驾驶人能把注意力从一个目标转移到另一个目标,从各种现象中分辨出最本质的现象。交通安全取决于这种性能。

驾驶人在道路上行车过程中,必须注意与道路有关的路边环境等因素;注意与交通有关的机动车、非机动车和行人等因素;注意与交通无关的建筑物、周围景观等因素。

驾驶人在单一环境中行车,注意力衰减幅度很大。试验表明,驾驶人在 15~20min 内得不到新的消息,便感到枯燥无味。因此,应在道路线形设计、道路环境的布置方面采取一些措施,以不断变换驾驶人的行车道路环境,引起驾驶人的注意及使之保持注意力稳定。

(四)反应

反应是回答某种刺激所产生的动作,即从接收信息(感知)到反应产生效果的过程。反应有简单反应和复杂反应。

1. 简单反应

简单反应是以某一种动作对单一信号的反应。这种反应,除该信号外,驾驶人的注意力不为另外的目标所占据。当驾驶人对外界某种刺激有反应的时候,很快地产生动作,这实际是一个过程,需要一定时间。试验证明,驾驶人从眼到手的这种简单反应,通常需要 0.15~0.25s,如要求按响喇叭;从眼到脚的这种简单反应,通常需要 0.5s 左右,如要求踩下制动踏板。

2. 复杂反应

复杂反应是对几种信号中的某一种或几种信号做出反应,即根据选择出的信号,做出回答动作。如操纵汽车时,驾驶人要同时关注车辆和行人交通情况、道路状况、各种标志、停车位置等几个目标。驾驶人应当对外界这些刺激产生正确反应,并协调自己对诸多因素的动作。可见,操纵转向盘的动作属于复杂反应,复杂反映的复杂程度取决于交通流量大小、另外一些车辆速度快慢等多种因素。反应时间的长短取决于反应复杂程度、驾驶人的技能水平、心理与生理状态、疲劳程度等。

驾驶人的制动反应时间是影响车辆实际制动距离的一个重要因素。试验表明,在城市道路上驾驶车辆时,在驾驶人有思想准备的情况下,从发出制动信号到汽车制动指示灯亮,平均制动反应时间为 0.66s,最长制动反应时间达到 2s,最短制动反应时间达只有 0.2s。在制动过程中,汽车仍将以一定速度行驶,如果制动平均时速度为 40km/h,那么,0.66s 车辆将行驶 7.3m,2s 车辆将行驶 22m,因此,驾驶人必须根据自己的反应时间确定安全行车距离。

(五)驾驶疲劳

驾驶疲劳是指驾驶人在驾驶车辆时,由于种种原因产生了生理机能或心理机能的失调,从而使驾驶机能降低和失误。驾驶人在长时间开车过程中会产生疲劳,这时感觉、知觉、判断、意志决定、运动等都受到影响。驾驶疲劳的症状有:驾驶人的视力下降,动作准确性下降、失误率增加,注意力不集中,对环境、高度、距离判断发生错误等。

从疲劳恢复的时间来看,可以把疲劳分为一次性皮疲劳、积蓄性疲劳和病态性疲劳三类。一次性疲劳是指短时期的休息,比如睡一夜觉就可以恢复的疲劳,这是一种由于日常劳动所引起的疲劳,正常驾驶疲劳就是属于这一种。积蓄性疲劳不能用短时间的休息来恢复,睡一夜觉后,第二天还是疲劳,要使这种疲劳得到恢复,必须经过长时间修养和充足的睡眠。积蓄性疲劳会发展到一定程度就会变成病态性疲劳。积蓄性疲劳和病态性疲劳者,都不宜驾驶车辆。

驾驶人的疲劳性程度直接影响行车安全。统计表明,因疲劳驾驶而造成交通事故的,约占事故问题的 15% ~ 20% 。由于疲劳很难正确判断,所以,实际上易疲劳发生的事故比上述数字要大。试验表明,驾驶人以 100km/h 的速度行驶,两小时后,生理机能便进入睡眠状态;驾驶人一天行车超过 10h 以上,如睡眠不足 4 ~ 5h,则事故率最高。

驾驶疲劳与气候、交通条件和道路条件有关。因此,驾驶人的驾车时间应根据这些情况酌量增减。驾驶人进行长时间或长距离驾驶时,影响最大的是与驾驶直接有关的各种机能。对于间接的机能如心脏活动能力,保持身体平衡的机能等也将受到影响。

(六)饮酒与驾驶

1.酒后开车与交通安全

在我国,每年由于酒后驾车引发的交通事故达数万起,酒后驾车的危害触目惊心,公安部交通管理局网站公布,2010 年我国共查处酒后驾驶机动车 63.1 万起,其中醉酒驾驶 8.7 万起。《中华人民共和国道路交通安全法》第九十一条规定,醉酒驾驶入刑。

2.酒驾心理

酒驾者都有超乎寻常的"自信",觉得自己就是喝了酒,也能把车开到目的地,在遇上突发的事情时,也能从容应对和处理。他们已经忘记了酒精会使人神经麻痹、反应迟钝,等出了车祸,悔之晚矣。

侥幸心理作祟。有些驾驶人酒驾,总以为"不会那么巧被交警撞上",这种心理其实忽略了一个最起码的前提,检查酒驾、罚款甚至追究刑事责任,其实并不是目的,禁止酒驾的目的是保护他人和驾驶人自身的生命安全,维护交通秩序、社会秩序,拒绝酒驾是驾驶人所要遵守的最基本的社会公德。

3. 饮酒对人的影响

驾驶人饮酒后,酒精溶解于血液中,通过血液循环流遍全身,进而影响中枢神经系统。当大脑及其他神经组织内的酒精浓度增高时,中枢神经的活动逐渐迟钝,视觉和知觉判断能力下降,驾驶动作不协调,导致事故率大幅提升。

(七)驾驶人安全心理特性

驾驶人安全心理学就是研究机动车驾驶人在驾驶机动车过程中的感知、经验、决策、驾驶行为等心理活动的规律及其影响因素的科学,针对人、车、路、环境之间的相互作用制定预防和干预交通事故的方案,培养驾驶人有效、安全的驾驶。

1. 影响驾驶人安全的生理因素

影响驾驶安全的生理因素有很多,包括年龄、疲劳程度及药物影响等。

(1)年龄因素对驾驶安全的影响主要在于驾驶操作的灵活性和对道路信息处理的速率;其次,驾驶人驾驶技术的提高是需要累积一定驾驶经验的。

年轻驾驶人的行为特点是安全带使用较少、超速驾驶的情况屡见不鲜、驾驶过程中使用手机的频率较高。老年驾驶人的行为特点是保守驾驶、判断力下降、容易出现失控的情况、转弯困难。

(2)驾驶疲劳容易导致驾驶人整体机能下降,是一种重要的影响安全驾驶的因素。所谓驾驶疲劳,是指驾驶人长时间驾驶车辆,引起的生理和心理上的疲劳以及出现的技能低落的现象。其特点是厌倦继续驾驶车辆、瞌睡、疲劳、动机降低。驾驶疲劳会导致认知和精神方面的表现下降,容易导致事故的发生。

(3)驾驶人在服用了某些可能影响驾驶安全的药物后,依然驾驶机动车出行,这些药物服用后容易产生一些不良反应,对驾驶人造成一定影响,因而容易导致车祸的发生。药驾包括毒驾。

2. 影响驾驶安全的视觉因素

(1)色弱和色盲。一些人因为先天遗传、后天病变或者是药物影响等,导致不能很好地识别颜色。色弱的人,在正常光线下可以识别颜色,但是在光线刺激较少的环境下几乎分别不出颜色。色盲主要指的是红绿或黄蓝色盲,不能分辨出红绿或者黄蓝颜色。存在这两种视觉缺陷的人,在日常驾驶汽车的时候,分辨不出暗色汽车的信号灯的情况,极易造成交通事故。

(2)暗适应。驾驶汽车由光线好的地方向光线昏暗的地方行驶(如隧道),驾驶人会暂时性地看不清前方道路的情况,过一会儿才能看清,这种现象我们称作暗适应。

(3)眩目。夜间驾驶车辆时,迎面驶来车辆的前照灯强光照射,容易使驾驶人的视觉出现短暂受损,这种现象称为眩目。驾驶人被迎面而来车辆的前照灯眩晕后,需要花费10~30s的时间才能恢复,对安全驾驶十分不利。

为防止夜间行车产生眩目,我国《道路交通安全法》中明确规定,夜间会车应当在相距150m以外改用近光灯。

3. 驾驶人的情绪对驾驶安全的影响

不同的情绪表现会对交通安全产生影响,如酒精不仅能直接影响驾驶人对汽车的控制,也可诱导驾驶人产生不良情绪,从而增加了驾驶过程中的安全隐患。影响交通安全的常见情绪表现主要有:愤怒、抑郁、焦虑和压力。

四、学员交通心理特性

学员的心理特点往往决定了学员对驾驶学习、安全理念、规范操作和文明行车的态度,影响着学员掌握驾驶知识和驾驶技能的效果。在驾驶技能的训练过程中,学员的心理过程及个性心理对驾驶技能形成和训练进度有大的影响。

(一)先快后慢

训练初期成绩提高较快,经过一段时间后,成绩上升逐渐缓慢,技能发展速度逐渐减慢,最后趋于平稳。

训练初期基础操作动作较为简单,训练初期学员兴趣浓厚,好奇心强,情绪高涨,可以把生活经验中已经掌握的各种动作方式重新组织起来加以利用,所以进步快。

随着训练深入,学员会感到枯燥、困难,产生厌烦、懈怠情绪,生活经验中能加以利用的技能逐渐减少,需要建立的新的动作联系逐渐增多,联系困难越来越大,训练进步减慢。

尽管大多数学员的技能形成的基本规律是先快后慢,但个别学员,尤其是年龄偏大的学员会出现先慢后快的现象。

(二)波浪式前进

训练中学员的成绩会出现时而进步快、时而进步缓慢的波浪式前进。有的学员运动能力强而疏于观察、思考,场地训练进步快,而道路驾驶进步缓慢。有的学员道路驾驶分析、判断能力强,而空间目测能力、方向能力差,所以驾驶技能进步迟缓。

因为训练进入新阶段,促使学员放弃旧的动作模式,形成新的动作方式,这个转化期成绩往往出现波动。例如,学员初期掌握的缓慢分解式的换挡方法,明显不适应道路驾驶需要,迫使学员加快动作节奏,连续减挡,快速换挡。这时学员动作出现错乱,甚至换不进挡是正常现象。

(三)"高原"现象

学员长期训练的疲劳影响成绩提高,学员产生"已经学会了""学得差不多了"的满足心理。技能形成过程中,训练后期出现成绩暂时停顿甚至倒退的现象,这就如同走到"高原"。度过高原期后,才能使练习成绩进一步提升。

(四)进程的差异

学习进程因学员、教练员、教学车的训练进程、驾驶培训机构等不同而各不相同。忽视

《教学大纲》,纯粹为应付公安考试,满足于"学员能够取得驾驶证"的低标准要求而采用应试教学。这是造成驾校教学质量差,学员训练成绩低下的主要原因。学员的个性特点和心理特征不同,学员对训练的态度以及训练准备不同,也会造成训练进程的差异。

(五)视觉控制作用减弱,感知觉控制作用增强

驾驶训练的初期,学员通过视觉观察教练员的示范动作,记住动作的顺序和轨迹,形成动作的视觉记忆,并借助视觉来指导操作。此时,学员肌肉运动感知能力较差,有时出现变换挡位找不准位置等情况。随着系统的训练逐步深入,学员肌肉运动感知能力逐渐加强,形成有关动作的习惯性和连贯性,并替代视觉来指导操作,此时,学员的驾驶技能也日趋成熟,最终达到"放松自如"的操作。

上述五种情况,在整个教学过程中是最常见的、普遍的。在进行驾驶技能教学过程中,既要尊重学员技能形成的客观规律,又要兼顾教学客观规律,力求做到从简到繁、从易到难、由浅入深、循序渐进、区别对待,保持教学工作稳步地向前发展,使学员的驾驶技能顺利形成。

检验评估

1. 心理学的研究对象、任务和主要内容是什么?

2. 个性心理特征包括哪几个方面,各有哪些主要内容?

3. 人的气质有哪几种,各有什么主要特征?

4. 交通安全心理学主要研究哪些内容?

5. 什么是驾驶人的反应特性?

6. 什么是驾驶人的视觉特性?

7. 简述行人的交通心理特性。

8. 简述儿童交通心理特性。

9. 简述学员交通心理特性。

10. 什么是视觉控制作用减弱,感知觉控制作用增强?

11. 如何运用交通安全心理学指导驾驶技能学习?

第二章　影响驾驶人安全行车的生理因素

学习目标

1. 了解驾驶人身体素质要求。
2. 熟知驾驶人的视知觉。
3. 掌握提高年轻驾驶人安全驾驶的方法。
4. 熟练掌握疲劳驾驶的自我评估方法。
5. 熟练运用疲劳驾驶的改善与预防方法。

案例分析

2016 年 10 月,在 G60 高速公路嘉兴段发生了一起交通事故,造成 3 人不同程度受伤,8 辆车不同程度受损,多处护栏损坏,财产损失严重。当时一辆集装箱车追尾一辆危险品槽罐车,槽罐车因追尾失控直接撞向中央护栏,由于车速较快,冲击力大,槽罐车撞碎中央护栏后冲入对方车道并横在车道上,导致对方车道方向正常行驶的 6 辆小车避让不及时,发生了碰撞和追尾。经调查了解,此次事故的直接原因是集装箱车辆驾驶人因长时间疲劳驾驶,精神疲惫,边开瞌睡边开车,一时没注意就追尾了前方的危险品槽罐车。

这起事故所幸未造成人员伤亡,更万幸的是事故中危险品槽罐车是空车,如果装载了危险品,事故后果将不堪设想。所谓疲劳驾驶,是指驾驶人在长时间连续行车后,产生生理机能和心理机能的失调,而在客观上出现驾驶技能下降的现象。疲劳驾驶在生理上会引起大脑活动的变化和心率及眼球运动的减少,还会导致认知和精神状态的下降,如延长辨别和反应的时间,这些都可能导致撞车事故的发生。

第一节　驾驶人的身体素质概述

道路交通是由人、车、路、环境等因素组成的动态系统。其中,人是交通安全中重要的因素,特别是机动车驾驶人。调查表明,在我国每年发生的机动车交通事故中,因驾驶人身体素质导致的事故占有很大的比例。因此,除要加强对机动车驾驶人的安全教育和建立健全必要的法规规章以约束驾驶人的交通行为外,还必须就驾驶人本身的身体素质与交通之间的关系进行分析,从中找出规律,以指导行车安全。

一、驾驶人身体素质要求

驾驶人通过视觉、听觉、触觉等器官从交通环境中获得信息,经过大脑进行处理,做出判断,再支配手、脚的运动操纵汽车,使汽车按驾驶人的意志在道路上运行。如果在信息的搜集、处理判断和操作的某一环节上发生差错,就可能引起交通事故。因此,驾驶人不但需要有健康的心理,更需要有健康的身体、充沛的精力和体力,以及人体各个器官功能的协调和配合。

(一)道路交通安全法规

2016年1月,中华人民共和国公安部令第139号《公安部关于修改〈机动车驾驶证申领和使用规定〉的决定》规定,申请机动车驾驶证人员的年龄和身体应符合以下规定:

1.年龄条件

(1)申请小型汽车、小型自动挡汽车准驾车型的,在18周岁以上、70周岁以下。

(2)申请城市公交车、大型货车、无轨电车或者有轨电车准驾车型的,在20周岁以上、50周岁以下。

(3)申请大型客车准驾车型的,在26周岁以上、50周岁以下。

(4)接受全日制驾驶职业教育的学生,申请大型客车、牵引车准驾车型的,在20周岁以上、50周岁以下。

2.身体条件

(1)身高:申请大型客车、城市公交车、大型货车、无轨电车准驾车型的,身高为155cm以上。

(2)视力:申请大型客车、城市公交车、中型客车、大型货车、无轨电车或者有轨电车准驾车型的,两眼裸视力或者矫正视力达到对数视力表5.0以上。申请其他准驾车型的,两眼裸视力或者矫正视力达到对数视力表4.9以上。

(3)辨色力:无红绿色盲。

(4)听力:两耳分别距音叉50cm能辨别声源方向。有听力障碍但佩戴助听设备能够达到以上条件的,可以申请小型汽车、小型自动挡汽车准驾车型的机动车驾驶证。

(5)肢体:双手拇指健全,每只手其他手指必须有三指健全,肢体和手指运动功能正常;双下肢健全且运动功能正常,不等长度不得大于5cm;躯干与颈部无运动功能障碍。

(二)视觉

所谓视觉,就是外界光线刺激经过视觉器官在大脑中引起的生理反应。驾驶人在行车过程中,主要依靠两只眼睛收集信息,驾驶人对外界认识的80%来自视觉,所以,对视觉机能的检查是考核驾驶人的重要内容。

眼睛分辨两物点之间最小距离的能力叫作视力。视力有静视力、动视力及夜间视力之分。静视力就是静止时的视力;动视力就是驾驶人在行车过程中的视力;夜间视力就是在黑暗环境中的视力称为夜间视力。

(三)感觉

驾驶人认识周围环境是从最简单的生理活动——感觉开始。感觉的敏感性指人的感觉器官对刺激的感受、识别和分辨能力。感觉的敏感性因人而异,某些感觉通过训练或强化可以获得特别的发展,即敏感性增强。

人体器官具有不同的感觉、视觉、听觉、嗅觉、味觉、触觉、动觉和平衡觉等。各种感觉器官给驾驶人提供信息数比例分布如下:视觉占80%,听觉占14%,触觉占2%,味觉占2%,嗅觉占2%。可见,其中最重要的是视觉,视觉给驾驶人提供交通情况信息。听觉使驾驶人根据声音信息区分汽车机件的故障等。关节肌肉、中枢神经通过感觉给驾驶人提供行车方向和行车速度的信息。根据这些感觉驾驶人可以判断车速、前进方向、加速或减速等。

(四)知觉

知觉是直接作用于感觉器官的事物的整体在人脑中的反映,是人对感觉信息的组织和解释的过程。例如,看到一个苹果,听到一首歌曲,闻到花香等,这些都是知觉现象。

知觉是对整个物体的认识。通常我们指看见物体,不仅仅意味着判定了物体的特性和数量,只有知觉才能断定物体的性质。例如,驾驶人在行车过程中,首先要分辨道路上的物体是石头还是纸、是硬的还是软的、是尖的还是圆的,而后决定是保持还是改变行车方向或者改变行车速度。

二、年龄与道路驾驶安全的关系

年龄因素对驾驶安全的影响主要表现在两个方面:一是影响道路信息加工的效率和驾驶操作的灵活性;二是驾驶人的驾驶经验往往与年龄密切相关,驾驶技术的提高需要积累驾驶经验,但驾驶经验并不一定与年龄成正比。

(一)年龄对安全驾驶的影响

1. 年龄与交通事故的关系

年龄是影响安全驾驶的重要因素,不同年龄阶段的发展特点使驾驶行为和事故率具有特殊性。统计分析表明,驾驶人年龄与事故发生率关系呈现U形模式(图2-1),25岁以下,危险性很高,到中年递减,60岁之后又开始上升。25~60岁的事故率处于U形曲线的底部,事故率较低,25岁以下和60岁以上的事故率位于U形曲线的两端,即事故高发的年龄段。同年龄段男性驾驶人比女性驾驶人事故率略高。

2. 年轻驾驶人的事故分析

在各国的事故统计表明,年轻驾驶人事故率都是最高的。相较于其他年龄段的驾驶人,年轻车手的重大事故死亡率最高,比所有年龄的平均水平高出1.83倍。而在年轻驾驶人中,风险也是随年龄而变化的——随着年龄增长,事故率下降。独立的、缺乏监督的年轻驾驶人比年轻驾驶人更容易出事故。

刚拿到驾驶证就开车的驾驶人,在前6个月内事故率较高;在此后的阶段中,随着驾驶经验的增加,事故率降低。因此,年龄和驾驶经验交互影响事故率。

3. 老年驾驶人的事故分析

老年驾驶人反应能力比年轻驾驶人差,由于年龄的增长,老年驾驶人感知能力下降,接收信息和做出相应反应时存在困难,信息复杂性提高时反应时间过长,难以控制动作速度,使得老年驾驶人动作愈加迟缓、操作时间延长、操作能力下降等。因此,老年驾驶人事故率较高。

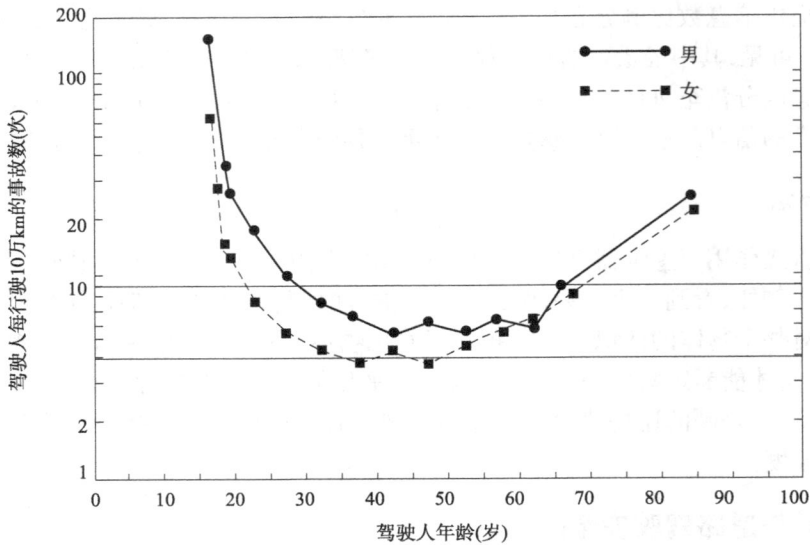

图 2-1 事故数与年龄和性别关系

（二）不同年龄驾驶人的行为特点

1. 年轻驾驶人的行为特点

（1）超速。

超速行驶对于没有经验的年轻驾驶人尤其危险，在曲线行驶中超速可降低驾驶人安全驾驶的能力，或者延长制动距离而增加风险。再加上年轻驾驶人倾向于追随前车太紧，相对较短的制动距离会使超速的风险进一步加剧。

超速驾驶是年轻驾驶人驾驶行为中普遍存在的，同时也是发生交通事故的最主要的原因之一。男性驾驶人发生事故的原因 30% 是超速驾驶，女性驾驶人是 21%，相比之下，老年驾驶人发生交通事故的原因只有 15% 的原因是超速驾驶。

（2）不系安全带。

安全带是汽车上的被动安全装置，在发生交通事故时会保护驾乘人员，降低伤亡，然而不系安全带的年轻驾驶人却大有人在。2009 年，在宜兴市共观察 1816 辆车辆和驾驶人以及661 名前排乘车人，驾驶人中系安全带的占 31.1%，不系安全带的占 68.9%；乘员中系安全带的占 6.1%，不系安全带的占 93.9%。而在交通事故死亡的人中，大约 2/3 的年轻人不系安全带。

（3）驾驶过程中使用手机。

随着智能手机的发展，年轻人在驾驶过程中使用智能手机中应用程序的行为越来越普遍。刷微博、聊微信成为驾驶人驾驶时的新"隐患"，不少驾驶人在遇到红灯时争分夺秒玩手机。如果驾驶人全神贯注地等绿灯亮起，其起动车辆仅需 1～1.5s；如果驾驶人先放下手机再观察路况发动车辆，这个过程就会延长 1s 甚至更长；如果每辆车的起动时间都延长，原本一个绿灯能通过20辆车,最后只能通过15辆甚至更少,导致道路通畅率下降。由于使用手机会导致驾驶人的反应时间延长15% ~40%,导致交通事故增加。

2. 老年驾驶人的行为特点

(1)保守驾驶。

随着年龄的增长,事故危险应该呈上升趋势。事实上,老年人的危险率比一般人设想得要低,一系列研究指出:同年轻驾驶人相比,年老驾驶人几乎很少出现诸如冒险驾驶、酒后驾驶等交通违规行为,原因在于老年驾驶人会把驾驶行为确保在安全状况之内。例如:不在高峰期驾驶,只在熟悉的地域和白天驾驶。显然,老年驾驶人意识到了自己的问题,采取保守驾驶的行为,避免卷入危险处境之中。

(2)失误增多。

由于老年驾驶人身体条件差,长时间驾驶易疲劳,导致识别判断能力低,尤其在交叉路口,经常发生车辆转弯冲撞过街行人的事故。这主要是因为通过交通路口时,驾驶人需要同时进行三个动作——观察信号灯、判定其他车辆动向和观察过街行人。面对这样复杂的过程,老年驾驶人往往会出现失误,导致交通事故。对于65岁以上的驾驶人,自己犯错引起事故的可能性是别人犯错的2倍。

(3)交通失控。

交通失控是指当驾驶人应该停下来或保持汽车静止时却没有停下来,或者没有及时让道,撞上其他汽车。研究发现,65 ~69岁的驾驶人发生这类事故的概率是40 ~49岁驾驶人的2倍。75岁及以上驾驶人致命事故中,超过50%属于交通失控。

另有研究发现,在65岁及以上的驾驶人中,80%的致命交通失控类致命事故发生在交叉路口,其余发生在行车道的进出口。如果只考虑交叉路口对交通失控的影响,我们会发现老年驾驶人的危险性直线增加,经验优势会被交叉路口的复杂交通环境所淹没,超过75岁或80岁的老年人会体验到巨大的困难。

第二节　驾驶人的视知觉

一、驾驶人的视知觉的概念

视知觉是人脑对直接作用于视觉器官的事物整体的反应,例如对物体的形状、颜色、大小、距离和运动的知觉。驾驶人的视知觉,即驾驶人在驾驶过程中,对直接作用于视觉器官的事物整体的反应。

二、驾驶人的视知觉的作用

(一)获得信息

驾驶人需要在车辆(自身)位移情况下感知动态信息,在辨识某障碍物时,既要保证时间,又要考虑速度,这就需要驾驶人具有良好的视知觉,驾驶人可以利用的90%的信息是通过视知觉获得的。因此,驾驶人良好的视知觉对保证驾驶安全意义重大。

（二）加工、反馈信息

视知觉不仅能够为驾驶人提供信息，并且能够对获得的信息进行加工。视知觉的意义不单单是把形象从眼睛传导到大脑，也不仅是"清理"或"感觉"视网膜之外的不完整的形象，同时能够对获得、加工的信息进行反馈。

当我们想在驾驶的同时调节收音机、与乘客聊天等，靠的就是知觉系统的多用途功能，这也是我们能够驾驶的基本能力。而在复杂的环境中，知觉能力仅仅能够快速而粗略地对周围信息提供简单的答案（危险或安全）。

驾驶中的大部分信息是通过视知觉获得的，注意、决策、判断等也都是在视知觉的基础上进行的，例如提前控制车速等，对提高道路交通安全水平具有重要的现实意义。

三、驾驶人视知觉的表现

（一）动视力

动视力是指人与视觉对象存在相对运动时，人眼辨别物体运动的视觉能力。好的动视力使个体能够正确地识别移动中物体的细微部分。动视力下降幅度随着驾驶人的生理条件及年龄的不同也有差异，年龄越大，动视力下降的幅度越大。

（二）夜视力

夜视力是指在黑暗环境条件下，人眼辨别物体细节的能力。夜视力相对于暗适应来讲，区别在于没有明显的光线强度变化，主要强调人在不良光线强度下的视力情况。例如，有些驾驶人白天视力正常，但是在夜晚或光线不足的情况下，就看不清物体，行动困难。这是夜视力不好的明显表现，通常称为夜盲症。

在夜间行车条件下，人眼对色彩的分辨力下降，对距离判断误差大，对车速估计较低等。夜间行车，在无外部照明，只用汽车前照灯照明的条件下，能辨认各种颜色的距离和能看清物体的距离参见表2-1。由表可知，一个身穿白颜色衣服的行人，当其距车82.5m左右时，驾驶人就能看到白色物体；距车42.9m左右时，能判定是一个人；离车19.0m时，才可看清人的动向。

夜晚行车时能辨认各种物体及颜色的距离 表2-1

颜　　色	白色	黑色	乳白色	红色	灰色	绿色
发现物体颜色的距离(m)	82.5	42.8	76.6	67.8	66.3	67.6
确认物体性质的距离(m)	42.9	18.8	32.1	47.2	36.4	36.4
确认物体动向的距离(m)	19.0	9.6	13.2	24.0	17.0	17.8

四、视力适应性

由明处到暗处，眼睛逐渐习惯，视力恢复，叫暗适应；由暗处到明处，眼睛逐渐习惯，视力恢复，叫明适应。

从一般经验得知,暗适应比明适应所需要时间长。一般情况下正常人暗适应需10s,明适应需1s。当汽车运行在明暗急剧变化的道路上,由于驾驶人的视觉不能立即适应,则容易发生视觉障碍。为了防止视觉危害,必须减少由亮到暗而引起的视力落差,通常是慢慢减低照度,即在城区与郊区的交界处将路灯的距离慢慢拉长,这样可使由城内开车到郊区的驾驶人感到由亮逐渐变暗,从而达到交通安全的目的。驾驶人还应注意白天由隧道外面进入隧道,大约发生10s的视觉障碍,在隧道出口产生的视觉障碍,大约1s,故问题不大。因此,在隧道入口处应设有缓和照明,以减少视觉障碍,或在路旁设立"隧道内注意开灯"的标志。

不同年龄的人,暗适应所需要的时间是不同的,不同年龄的驾驶人,其暗适应水平有显著差异。到了一定年龄后,人眼的视觉机能随着年龄的增长逐渐衰退,驾驶人到50岁以后暗适应会明显减退。

以隧道为例,提出解决明暗适应对交通安全影响的举措。隧道照明按照不同的区段可划分为引入段、适应段、过渡段、基本段和出口段照明,其作用分别为:

(1)引入段:消除"黑洞"现象,使驾驶人在洞口处能辨认障碍物的照明区段。

(2)适应段:进入隧道后使驾驶人能很快适应并消除"黑洞"现象和的照明区段。

(3)过渡段:使驾驶人逐渐适应隧道内部照明的照明区段。

(4)基本段:隧道内部基本照明区段。

(5)出口段:在白天使驾驶人能逐渐适应出口处的强光,消除"亮洞"现象。

五、眩光

国际照明委员会从视觉状态出发,将眩光分为不舒适眩光和失能眩光。失能眩光直接导致目标能见度的降低,而不舒适眩光是一种心理现象,即视野中过分的亮度使观察者产生的不舒适感。眩光是影响照明质量的重要因素之一。研究表明,眩光使能见度下降最多的场合是发生在汽车相互接近距离为70~15m处。

由于强光入射到眼球内,不仅在视网膜上形成亮度很高的光点,而且在角膜和视网膜之间的介质中发生散射,形成一种光幕,致使驾驶人视觉感受到的亮度对比度大大降低。因而造成视觉伤害,降低视觉功能。如果视野内经常出现高亮度光源的刺激,还会使视觉产生不舒适和疲劳感。

驾驶人被强光眩晕后,视力需要经历一个短暂的恢复阶段。在交通及其他需要在运动时做出迅速判断的情况下,这段恢复时间也是特别危险的。由于眩光往往发生在夜间,眩光过后的恢复期周围环境很暗,因此视觉恢复期是驾驶人视觉条件最差的时候。

眩光的生理基础主要是视网膜适应问题。暗适应能力越强,恢复期越短,相对的损害越小。眩光损害程度受到年龄的影响,老年人需要更长的时间恢复。研究表明,被迎面的前灯眩晕后,年长驾驶人在2s内将不能察觉低对比的目标。同时,眩光受光源的发光强度、光源外形大小、光源与驾驶人眼睛的相对位置、光源周围的亮度、驾驶人眼部的照度等因素的影响。光源直接照射驾驶人的眼睛时损害最大。光源亮度越高,眩光越显著;光源越接近视线,眩光越显著;光源表观面积越大,光源数目越多,眩光越显著。

防止夜间行车的眩光问题,是当前国内外的重要研究课题。防止车灯眩光主要从两方面着手:一是设法减少光源射入到眼内的光的照度;二是改变车灯光束与眼睛的投射角度。

目前推广使用的双光束前照灯,即在配光结构上,调整近光束角度,向下、向右侧偏斜,尽量避免或减少对驾驶人眼部的照射,以备会车时使用。《中华人民共和国道路交通安全法》中明确规定,夜间会车应当在距相对方向来车150m以外改用近光灯。

六、弯道错觉

弯道错觉是指道路平纵线形组合中,平竖重合(即平曲线与竖曲线重合)时,凹形竖曲线使平曲线显得更平坦,而凸形竖曲线则使平曲线显得更急剧。驾驶人根据弯道内侧边线的开敞程度来判断和估计弯道曲率。凹形组合路段事故率显著高于平均值,导致较大的伤亡;而凸形组合路段上的事故率则较小。

人眼的舒适视野为18°,但是驾驶人视野随车速的提高而降低,驾驶人进入弯道时视线范围的角度会明显降低为6°~12°。加之弯道驾驶时,驾驶人会不自觉地加速,随着车速的增加,驾驶人的视野会进一步缩小。

弯道错觉是驾驶人立体知觉误差引起的。驾驶人的立体知觉是靠驾驶人的双眼视差形成的。双眼之间有一定的距离,因此它们接收外部世界的图像稍有不同,即左眼和右眼看的图像是不同的。一个物体在两眼中对应的图像在水平方向上的位移称为视差。这种不同或者差异的大小,依赖于物体与观察者的相对距离。

驾驶人通常是利用道路沿线作为弯道曲率线索的。为了避免发生弯道错觉,一般使用红、白相间的导向标志,正确明显地标示弯道线形变化方向,从而保障弯道交通安全。在苏格兰,交叉路口设计为圆形,就是利用了视觉刺激中的深度线索,这样的设计得到了很好的效果。以往,驾驶人行驶到此路口时总会超速,导致较高的事故发生率。为了找到解决的办法,研究者决定利用驾驶人知觉系统的错觉,他在接近交叉路口的路面上画线,将路面划分为较小的间隔。当汽车以不变的速度(或超速)接近路口时,驾驶人会感到纹理"流"快速掠过,从而体验到汽车的速度在增加。由于知觉在许多方面都几乎是自动完成的,因此驾驶人会本能地对知觉到的加速做出制动反应,从而使车速降低到安全值,这与有了人行道标志后,路口发生的交通事故大幅减少的效果是一样的。

第三节 驾驶疲劳

一、驾驶疲劳概述

疲劳指从唤醒到睡眠的过渡,如果疲劳持续下去,它可能会导致睡眠的发生。疲劳的典型症状就是主观困倦,在唤醒和睡眠之间的过渡期,出现与睡眠的愿望或需要有关的感受和躯体症状,如打哈欠、点头、眼皮下垂。驾驶疲劳是指机动车驾驶人在驾驶车辆时,由于驾驶作业引起的生理上和心理上的疲劳以及客观上出现驾驶机能低落的现象。驾驶疲劳会导致驾驶人身体机能的整体性下降,是一种重要的影响驾驶安全的跨年龄、跨情境的生理因素。它的主要特点是:不愿继续驾驶、瞌睡、疲劳、动机降低。驾驶疲劳还会导致认知和精神方面的表现下降,如延长辨别和反应的时间,这些都可能会导致撞车事故的发生。驾驶疲劳是生理上的一种自我保护性反应,而并非是一种病态,只要经过适当的休息,就可以解除,体力和能力都可以得到完全的恢复。

驾驶人产生疲劳后,生理机能下降,一般会表现出以下症状:

(1)视觉系统:视觉模糊,视敏度下降,眼睑下垂,眼睛发涩,眼眶下陷发黑,眼球颤动,眨眼次数增多,目光呆滞。

(2)听觉系统:听力下降,辨不清声音方位和大小。

(3)呼吸系统:气喘、胸闷,呼吸困难,呼吸道、咽喉干燥。

(4)循环系统:心跳减慢,血压改变。如果心跳次数低于标准值的20%,就属于驾驶疲劳。

(5)面部表情:面部表情呆板,肌肉松弛,颜面无光、不活泼。

(6)肌肉骨骼:肌肉疼,关节痛,腰酸、背痛、肩痛,手脚酸胀。

(7)中枢神经系统:中枢神经系统代谢及功能水平下降,导致心智活动水平下降。

驾驶人疲劳程度严重时,会出现头脑昏沉、困倦、闭眼时间延长甚至打瞌睡的现象。

二、驾驶疲劳检测指标

早在1935年,就能追溯驾驶疲劳检测了,当时借助医疗器械,主要从医学角度进行检测。20世纪80年代才有了实质性的研究工作,美国国会批准交通部研究交通安全与商业机动车驾驶之间的关系。20世纪90年代,许多国家开始开发研究驾驶疲劳车载电子测量装置,关于驾驶疲劳检测方法的研究得到了进一步的进展。目前,驾驶疲劳检测主要有以下几个指标。

(一)生理信号

1. 眼动信号

在研究睡眠程度时,眼动信号被广泛采用。因为在不同睡眠阶段,眼睛转动的频率不同,所以可以根据眼动信号来判断睡眠的阶段。

2. 面部表情信号

最近十几年,随着计算机视觉、图像处理技术、模式识别技术以及机器学习的发展,人的面部表情的视频信息也越来越多地被用于疲劳估计。

3. 脑电信号

脑电信号一度被认为是最可靠评价疲劳程度的指标之一,是人们最早发现的指标。脑电信号被誉为检测人体疲劳程度的"金标准",是一种人体重要的生理信号。

脑电波根据振幅和频率可分为 α 波、β 波、θ 波和 δ 波。脑电波中的 α 波和 β 波在人处于清醒状态时占主导地位;随着疲劳程度的增加,脑电波中的 α 波和 β 波在人处于疲劳状态时逐渐减弱乃至消失,同时 θ 波和 δ 波出现并不断增强。可见,我们可以通过监测脑电波的主导节律来准确客观地判断驾驶人的疲劳程度。

4. 生化指标和心率

根据体温和血液中相关激素浓度等参数的变化,也可以估计人的疲劳程度。例如,驾驶人体内的血氧浓度随着驾驶时间和疲劳程度的增加会降低。我国研究者结合主观评估,考察了驾驶过程中汽车驾驶人心率变异性功率频谱的变化,心率变异反映精神负荷敏感,驾驶疲劳可通过试验结果定量评估。

（二）自我评估

在一些夜间或睡眠剥夺条件下的研究表明，人们有能力在驾驶过程中正确评估自己表现绩效的受损程度。因此，人们能够很好地意识到自己的疲劳水平。

驾驶疲劳主观评估主要通过量表来完成，量表包括主观调查表、自我记录表、睡眠习惯表、斯坦福睡眠尺度表以及皮尔逊疲劳量表等，分为自我评定与他人评定。例如，皮尔逊疲劳量表是比较有代表性的主观调查表，该量表分为 13 级：精力极度充沛；精力特别充沛；精力非常充沛；精力很充沛；精力比较充沛；精力有点充沛；有点疲劳；相当疲劳；很疲劳；非常疲劳；特别疲劳；极度疲劳；快要倒下。

（三）绩效测量

由于驾驶疲劳被定义为驾驶机能下降，使用绩效测量来评估疲劳状态具有很高的表面效度。绩效指标包括：保持车辆的平稳性，转向盘转动的角度，制动反应时间，躲避障碍物的正确率等。出于安全的考虑，为了避免驾驶疲劳导致事故发生，绩效测量更加适用于基于驾驶模拟器的研究。

三、驾驶疲劳的影响因素

一般广义上的驾驶疲劳，很难定义、预测和调节，可以把影响驾驶疲劳的这些变量划分为与工作任务相关的因素和与睡眠有关的因素，并且这些因素相互影响。研究表明，睡眠缺乏会显著影响驾驶行为，驾驶人疲劳的高峰期是在 6:00、14:00 和 22:00 左右。

1. 任务负荷

国外研究发现，当工作任务过于繁重，或是非常枯燥时就会产生疲劳。高密度的交通、恶劣的天气、驾驶之外的额外任务（例如，手机通话）都会导致疲劳。当工作任务的负荷超出了注意能力，如在多种任务叠加中，驾驶人的表现就会下降。此外，疲劳降低了注意资源，一旦任务增加，疲劳会导致注意进一步衰竭。

2. 单调

在驾驶任务单调、自动化，或交通状况可以被预测的条件下同样容易产生疲劳。在这些情况下，驾驶人的主要工作是监测驾驶环境。当道路交通量小、路线特别熟悉时，这种疲劳就有可能发生。研究表明，在单调情况下，驾驶行为表现非常糟糕。例如，驾驶人转向盘的移动量大幅度增加或过度矫正。

3. 工作时间

工作时间也是导致疲劳的因素，并与单调情境相互作用。超过一定的驾驶时间，尤其是在单调的条件下，驾驶表现会变差。随着时间的推移，驾驶人有大幅度的矫正过度和横摆动作。研究者对驾驶行为和脑电图的比较研究表明，驾驶时间的延长，α 波和 θ 波的活动会增加。2010 年《交通运输部、公安部、国家安全生产监督管理总局关于进一步加强和改进道路客运安全工作的通知》中针对防止驾驶疲劳做了明确的规定:客运车辆每日运行里程超过400km(高速公路直达客运超过600km)的,客运企业应当配备两名以上驾驶人。驾驶人连续驾驶不得超过4h,或者24h内累计驾驶不得超过8h。

四、改善措施

(一)驾驶人自我唤醒

在驾驶时,驾驶人使用各种方法使自己保持清醒。一个瑞典的全国性调查显示,最常见的用于保持清醒的手段包括:停下车来散步、听收音机、打开窗户、喝咖啡以及和乘客交谈。其中,打开窗口和听收音机被所有的驾驶人(职业和非职业)视为有效手段。非职业驾驶人也使用互动技术,如用手机交谈。

(二)公路预警系统

道路两侧或沿中心线的减振带就是为了提高驾驶人的警觉而设计的,当驾驶人穿过或沿减振带驾驶时就会产生声响。磨砂的减振带是最常见的,并建造在沥青路的路肩上。考察中心线减振带有效性的研究表明,由于路面颠簸,乡村道路上的撞车事故明显减少。越野道路的减振带在减少越野撞车事故方面也表现出有效性。

在驾驶模拟器的研究中,国外研究者测试了磨砂减振带对疲劳和驾驶行为的影响。结果显示,减振带可以改善驾驶绩效和疲劳,困倦的脑电指标、眼闭持续时间、车道位置变化以及主观疲劳都有所缓解,而这种影响是短暂的,在驾驶人碰撞减振带后约5min,衰减重新出现。这说明,减振带不能对抗疲劳或困倦,但可以提醒驾驶人有困倦的表现和行为水平下降,应该适当休息。

(三)疲劳预警系统

基于驾驶疲劳和困倦的一些敏感指标,许多公司已经开发出针对疲劳的预警系统。常用的疲劳预警系统包括:嗜睡预警系统、车道保持预警系统以及防撞预警系统。

1. 嗜睡预警系统

在商业货运业,研究人员充分考虑到驾驶人的嗜睡特点,如针对眼闭、车道位置变化、一天中的不同时间段等变量设计预警系统。计算机监控和眼闭分析已被证明是有效的鉴别嗜睡的工具。基于对眼睛的视频监控、眼闭百分比,系统计算出眼睑遮住瞳孔的程度。此类系统在道路驾驶研究和高达42h睡眠剥夺的心理活动警戒任务中得到充分的验证。目前被用于驾驶人注意状态监测,可为长途货运行业服务,提供声音警报和眼闭百分比的测评结果。

2. 车道保持预警系统

车道改变可以分析通过摄像机接收到的公路视觉信息,从而确定车道边界,在驾驶人无意识地驶出车道时提醒他们,例如发出一个虚拟的减振带声音提醒驾驶人,被安装在一些客运车辆上,当驾驶人离开车道时,发出声音警报,并计算驾驶表现得分。

通过分析矫正转向盘的动作幅度和频率,也可以用来侦察驾驶人的车道保持平衡性。

转向盘转动监控器可以分析细微的纠正转向盘的运动,当转向盘运动失常时,监控器就会发出警报提醒。

3. 防撞预警系统

防撞预警系统,提醒驾驶人潜在的追尾或从侧翼而来的撞击,这种技术对单调较长路程的驾驶疲劳特别有效。防撞预警系统可以测量碰撞的时间、进展以及两车之间的距离。研究者演示了这种类型的系统对预警与任务相关的疲劳的有效性。研究发现,在驾驶模拟器任务中,一个潜在的迎面碰撞前的听觉预警出现时,驾驶人较少卷入与任务相关的疲劳事故。

（四）法律法规

2007 年美国睡眠基金会的报告指出,在美国的 27 个州中,有 9 个州对警官进行了疲劳驾驶相关知识的培训。例如,在弗吉尼亚州,疲劳驾驶或与睡眠相关的致命事故中,可以指控瞌睡驾驶人鲁莽驾驶和过失杀人罪。在弗吉尼亚州警方的报告中,驾驶疲劳被列为驾驶人注意力分散的一个复选框的选项,并且很多驾驶员会选择这一选项。该州法律明确规定,在驾驶人的教育课程中必须包括预防驾驶疲劳的内容。

五、酒驾与药驾

（一）酒驾

1. 酒精及其对人体的危害

酒中含有酒精(乙醇),一般黄酒中酒精含量为 10% ～15%;白酒中酒精含量为 50% ～60%;啤酒中酒精含量为 2% ～5%;果酒中酒精含量为 16% ～48%;葡萄酒中酒精含量为 10% ～15%。人饮酒后,酒精很快被胃壁和肠壁(80% 在小肠上端)吸收,特别是空腹时,吸收更快,然后溶解在血液中,通过血液的循环渗透到人体各器官及组织中。一般在饮酒后 5min 可在血液中发现酒精,0.15 ～2h 血液中酒精含量达到最高峰。

酒精是一种麻醉剂,具有明显的细胞毒性,作用于人体的中枢神经系统,会对中枢神经产生抑制作用,影响其正常的生理功能。

2. 驾驶人酒后驾车对行车安全的影响

驾驶人饮酒之后,特别是过量饮酒之后,会影响中枢神经系统的正常生理功能,产生头昏、乏力、言语增多、语无伦次、动作不协调、判断力降低等症状,导致感觉模糊、判断失误、反应失误,极易发生事故,严重威胁行车安全。

据有关资料表明:当体内酒精浓度在 0.3% 时,驾驶能力就开始下降;浓度达 0.8% 时,错误操作增加到 16%,以致不能正确操纵转向盘,不能控制车速;浓度达 1.0% 时,驾驶能力降低 15%;浓度达 1.5% 时,驾驶能力降低 30%,就会出现判断能力减弱,反应迟缓,动作迟钝、失调,有飘飘然之感,并出现激动、吵闹、手舞足蹈、失去控制能力现象,甚至可能把加速踏板当制动踏板而导致重大事故发生。

因此,严禁酒后驾车已被列入国家的法规,汽车驾驶人必须严格遵守。

3. 饮酒鉴别

《车辆驾驶人员血液、呼气酒精含量阈值与检验标准》(GB 19522—2010)于 2011 年 7 月 11 日正式实施,见表 2-2。

车辆驾驶人员血液酒精含量阈值   表 2-2

驾驶行为类别	阈值(mg/100mL)	驾驶行为类别	阈值(mg/100mL)
饮酒后驾车	≥20,<80	醉酒后驾车	≥80

(二)药驾

1. 药驾的概念

药驾是指驾驶人服用了某些可能影响驾驶安全的药品后依然驾车出行的现象,由于这些药物常用、易得,服用之后可能产生不同程度的不良反应,因而很容易酿成祸患。通常所说的药物驾驶,既包括"药驾",又包括"毒驾"。为阐述不同药物对驾驶的影响,特将其分为"毒驾"和"药驾"。毒驾是指未戒掉毒瘾的患者和正在使用毒品的驾驶人驾驶机动车的行为。

2. 药驾的测试方法

药物分析可以使用多种样本,尿液、血液、汗液、唾液和头发等,每种样本都有各自特点。

(1)血液测试。

驾驶中,要查明药物浓度,血液可能是首选样本。

(2)唾液测试。

混合唾液是最接近基质的药物检测,主要由来自下颚腺(65%)、腮腺(23%)、舌下腺(4%)的分泌物组成。唾液中通常含有药物母体,而不是药物代谢产物(如尿液中存在的)。与血液和尿液相比,通常认为唾液收集对驾驶人的侵入性较低,并且能够作为检测最近使用药物和行为损害的优秀基质。

(3)汗液测试。

随着时间的推移,汗液收集能够产生之前药物使用的累计记录。但是由于样本需要长时间累积获得,并且需要送进试验室分析,它并不适合路边测试。目前,没有检测汗液中药物的国家标准,也没有汗液测试的检定程序。

(4)头发测试。

虽然在过去 15 年里,使用头发分析药物滥用的技术已经取得进步,但是仍然存在许多未解的问题,例如,对于药物是如何进入头发的仍然很不清楚。由于头发按照每个月约增长 12mm 的比例生长,因此它不适用于对当前使用的药物进行检测。

(5)尿液测试。

药物测试的尿液分析已经被广泛使用。在美国,每天都有大量的药物测试在工作场所进行,与其他技术相比,尿液分析方式已经成为标准模式。药物使用几天后,在尿液中仍能检测出药物和药物的代谢产物。因此,阳性尿液测试是过去几天内使用药物的坚固证据。尿液测试可依据国家标准,同样也有国家检定程序。许多以"零容忍"为法律的国家目前正在使用尿液测试来加强法律的执行。

检验评估

1. 对驾驶人的身体素质有哪些要求？

2. 驾驶人的身体条件包括哪些？

3. 年龄与交通事故有怎样的关系？

4. 年轻驾驶人和年老驾驶人分别具有哪些行为特点？

5. 驾驶人视知觉的作用是什么？

6. 什么是眩光？

7. 疲劳驾驶的检测指标有哪些？

8. 疲劳驾驶的改善措施有哪些？

第三章 影响驾驶人安全行车的心理因素

学习目标

1. 了解道路安全驾驶与性格特征、路怒症的行为特点。
2. 熟知驾驶人的个性与安全驾驶的关系。
3. 掌握有意注意与无意注意的关系。
4. 熟练掌握汽车驾驶人应该具备的素质。
5. 熟练运用驾驶人情绪调节方法。

案例分析

2013 年 4 月,北京市海淀区玲珑路段发生严重交通事故,事故导致两人重伤、两人轻伤,三辆轿车被烧毁,另有两辆车受到不同程度的毁坏,经济损失达百万元。

而这一切均因某保险公司张某开斗气车所致。事发当天,张某驾驶公司奥迪车行在转弯进入玲珑路口时,当时行驶在第二条车道,通过反光镜看到最内侧车道一辆棕色奥迪 A5 车速很快,并用大灯晃了他几下,他也用大灯晃了奥迪 A5,两车就斗上气了。

奥迪 A5 车主陈某与张某互相加速超车,直行驶到一过街天桥处张某感觉奥迪 A5 车要并线别他,遂加速并在超过奥迪 A5 时向左打转向盘别对方,然后他继续加速行驶。当两车并行时对方朝张某打转向盘,张某朝对方打转向盘,在此过程中两车相蹭失控,张某车横在道路中心隔离护栏上,奥迪 A5 车驶向对面车道并与另两辆车发生碰撞,三辆车同时起火,导致人员受伤和财产损失惨重。

此次事故中,驾驶员张某和陈某都未能控制好自己的情绪,如果有一方能较好控制自己的情绪、调节好自己的心情,事故完全可以避免。

驾驶人心理的变化支配影响着驾车行为。驾驶人在行车过程中,每时每刻都会因身体、车况、路况、气候、环境等因素的变化而产生一定的心理反应,并在诸多的反应下通过大脑的意识和心理量度来操控汽车。驾驶人的心理反应和变化因人而异,由于年龄、性别、文化程度、工作环境、驾驶经验的不同,也表现出很大的差异性。影响驾驶人行车安全的心理因素主要包括:性格、情绪、意识、意志、注意力、心理压力、情理障碍等。

心理障碍属于一种不健康的心理状态,主要表现有:

侥幸心理:虽然知道自己的驾车行为有一定的风险,但总认为灾难不会落在自己头上,特别是驾驶人有过几次转危为安的经历,侥幸心理就会自然形成;争强好胜心理:有些驾驶人爱显示自己,好出风头,追求高速开车的快感和刺激,特别是遇到别人的车辆超过自己时,认为是对自己的蔑视和挑战,不顾车况、路况,危险驾驶,开"英雄车";盲目自信心理:这类驾驶人多是驾龄长、驾车经验丰富，多年没有发生事故，天长日久产生的一种盲目自信心理；保险万能心理：在保险公司投保后就易产生这种想法，总觉得投了保险就如同进了保险箱，出了事故由保险公司包赔，不把安全放在心上，殊不知，保险只能保财产，而不能保生命。

第一节　驾驶人的性格

一、人的性格概述

（一）性格

一个人对现实的态度，在类似情景中不断出现而巩固下来，与之相应的行为方式不断重复而达到了习惯化的时候，那么这种对现实的稳固态度和习惯化了的行为方式所表现出来的个性心理特征，就是性格。

（二）性格的分类

根据性格倾向的不同，性格可分为内向型和外向型两种。

1. 内向型

内向型是指心理活动过程经常指向自己内心世界的个性。具有内向型的驾驶人，驾驶应变能力差，缺乏自信，不够果断，不敢快速行车，驾驶行为被动，临危避险易失误，制动过迟，超车缺少自我保护。

2. 外向型

外向型的个性是指一种心理活动过程经常指向外在事物的个性。具有这种个性的驾驶人容易受情绪左右，喜欢冒险，盲目开快车，往往占线行车，强行超车，遇行人横穿加速绕行，跟车间距过近。

（三）性格与行车安全

驾驶人由于性格不同，对安全行车的态度和行为方式也不同。认真细致、坚定果断的人在驾驶车辆时仔细、谨慎，遇事有预见、有准备、有措施，处理突发情况坚定、果断，肇事概率很小。相反地，马虎、粗心、优柔寡断的人，在驾驶车辆时粗心大意，遇事马马虎虎，处理突然情况优柔寡断，肇事概率大得多。

事故统计表明，协调性欠佳，情绪不稳定，不关心他人，而且容易冲动的驾驶人易发生交通事故；适应性强，情绪稳定，关心他人，在紧张状态下不惊慌失措的驾驶人不易发生交通事故。

根据我国对肇事驾驶人的研究表明，有下列性格的驾驶人极易发生事故：

（1）无视国家和人民的利益，不关心别人，工作中得过且过，没有事业心，对工作不负责任，不重视生命，轻视社会道德和法规。

（2）性格粗暴，随意蛮干，容易冲动，冒火斗气。

（3）粗心大意，遇事马马虎虎、轻率被动，对自己估计过高。

（4）协调性不好，以自我为中心，爱批评别人，孤僻、顽固，群众关系不好。

（5）反应迟钝，遇事优柔寡断。

（6）遇困难、挫折想不开，死钻牛角尖，容易被一事吸引而一意孤行。

（四）汽车驾驶人应具备的性格

汽车驾驶人要加强学习，注意思想修养，在实践中善于总结经验、接受教训，巩固好的方面，改造不良的方面，逐步使自己具有优良的性格。许多模范驾驶人的经验总结表明，一个优秀的驾驶人，应具备下列优良性格：

（1）热爱祖国，热爱人民，关心群众，有全心全意为人民服务的思想。一切从人民的利益出发，有高度的责任感。

（2）情绪稳定，遇事冷静，自制力强，不冲动，不急躁，不开"斗气车""英雄车"。时刻把人民的生命财产安危铭记在心，行车中胆大心细，处理情况沉着冷静。

（3）法制观念强，遵章守法，行车中安全礼让，把困难留给自己，把方便让给别人。

（4）遵守社会公德，加强职业道德修养，搞好团结互助，处处以助人为乐。

（5）组织纪律性强，服从领导和调度，遇事考虑周到，严谨仔细，坚毅果断，但不粗鲁轻率。

（6）爱护公物，勤俭节约，对车辆勤检查、勤维护、勤调整，保持机件完好、性能可靠，不开病车，并注意节约原材料。

二、道路安全驾驶与性格特征

（一）情绪

情绪是人对客观事物是否符合自己需要而产生的态度和体验，是以个体期望和需要为中介的一种心理活动。情绪是影响个体心理活动的重要因素。积极的情绪会使人精神饱满，处理问题效率高，不容易犯错；消极的情绪会使人意志消沉，处理问题效率降低，很容易犯错。研究发现，情绪因素在驾驶中具有重要作用。即使情绪不能列在交通事故的直接因素中，但在日常驾驶中，中性情绪状态通常占据大部分时间。一些强烈的情绪，例如愤怒和极端激动，因为持续很久的反应时间，存在潜在的使驾驶安全受到威胁的可能性。影响驾驶人安全驾驶常见的情绪表现主要有愤怒、抑郁和焦虑。情绪不断被个体所唤起和体验，唤起有时是显意识的，有时是无意识的。

不同的情绪表现会对交通安全产生不同的影响。例如，滥用酒精不仅能直接影响对汽车的控制，也可诱导驾驶人产生不良情绪，从而增加驾驶风险。人格障碍、感觉寻求、冲动等心理健康问题可引发驾驶人的不良情绪，以此为中介增加驾驶人的错误操作和攻击性驾驶行为。

研究发现，相同的情绪事件，可以产生不同的驾驶情绪，不同的驾驶情绪与不同的交通事件有关。例如，责备这种生活事件可以引发焦虑、抑郁和愤怒等不同的情绪表现。根据以往经验，焦虑往往与分心驾驶有关；愤怒与攻击性驾驶有关；在模拟驾驶中，抑郁的被试者，转向操作更缓慢，事故率也更高。还有研究表明，驾驶人在模拟驾驶时听忧伤的音乐，会感到镇静，但却不能把精力集中在驾驶任务上。常见的情绪表现为愤怒、抑郁和焦虑，而常见的情绪状态则为激情、心境和应激。

1. 常见的情绪表现

（1）愤怒。

愤怒是指当愿望不能实现或为达到目的的行动得到不满意的结果时，引起一种紧张而不愉快的情绪。研究发现攻击性强的驾驶人比其他驾驶员更有可能存在各种心理问题，比如躁狂症、酒精依赖或药物依赖，还有反社会和边缘性人格障碍、注意力缺陷、多动症等。另外，路怒症的驾驶人也有罹患心理问题的风险。也有研究发现，男性驾驶人在驾驶过程中产生愤怒情绪的概率要高于女性驾驶人；年长驾驶人出现驾驶愤怒情绪的概率显著高于年轻驾驶人；而随着驾龄的增加，驾驶人平均愤怒等级逐渐降低。同时还发现，不同驾照类型对驾驶愤怒情绪也有着较大的影响。

从驾驶人操作车辆控制部件的频率来看，驾驶人在愤怒情绪下操作加速踏板、制动踏板、离合器踏板、转向盘、变速杆等要比在正常情况下更加频繁一些；愤怒情绪下，汽车驾驶人换道频次相对于平时也相应地增加；从驾驶人愤怒情绪下操作车辆的猛烈程度来看，汽车驾驶人操作加速踏板、制动踏板、离合器踏板、转向盘、变速杆等的猛烈程度要比正常情况稍微猛烈一些；愤怒情绪下驾驶人也倾向于近距离跟车。除此之外，汽车驾驶人还会通过言语攻击其他驾驶人、对本车发泄的方式表达愤怒情绪，但驾驶人在愤怒时也会通过开车窗、听音乐的方式缓解愤怒情绪。驾驶人在愤怒情绪下最容易分神，容易出现驾驶操作上的小失误，在控制能力不强的情况下，驾驶人还容易冲动驾驶。

（2）抑郁。

抑郁是一种情绪状态，表现为长时间的情绪低落，意志力和行动力减弱，有时伴随自我伤害及自杀行为。在实际生活中，研究人员通过发放问卷，以自我报告的形式，考察驾驶人出行前的情绪、驾驶中出现的想法以及驾驶时的交通环境等因素与事故率的关系，发现抑郁情绪对交通安全有消极影响。抑郁因子是发生道路交通事故的一个危险因子。汽车驾驶人易产生抑郁情绪，此情绪与其人格特征有密切的关联性。

（3）焦虑。

在人的正常发展中，无论对于是真实的危险，还是想象中的危险，人们都会以各种形式表现出来。如果自我没有获得处理危险的办法，就会陷入长期的无助和惊恐之中，对危险的本能反应就是焦虑。焦虑通常情况下与精神打击以及即将来临的、可能造成的威胁或危险相联系，主观表现出感到紧张、不愉快，甚至痛苦以至于难以自制，严重时会伴有植物性神经系统功能的变化或失调。驾驶人的焦虑水平可以影响危险驾驶行为，危险驾驶行为与高焦虑水平具有一定关联，主要是因为焦虑会引起驾驶人的分心和注意缺陷。

2. 驾驶人常见的情绪状态

根据情绪发生的速度、强度和持续时间的长短，可以把情绪分为三种状态：激情、应激及心境。

（1）激情。

激情是一种如暴风骤雨般的激烈而短促的情绪状态，如狂喜、暴怒、恐惧、悲痛等都是激情的典型表现形式。激情通常都是由生活中的重大事件所引发，对驾驶人的影响很大。人处于激情状态下，认识活动范围往往缩小，理解力和自制力也会显著降低，对行为的调控能力也会减弱,不能正确地评价自己行动的意义及后果。如人在生活中具有重大意义的事件发生时所引起的暴怒、恐惧、剧烈的悲痛都是激情。驾驶人在激情状态下,由于自制力的显著降低,极易做出错误的行动,产生不正确的反应,导致事故的发生。

驾驶人必须尽量控制自己的情绪,在平时注意树立正确的思想认识、良好的道德品质和培养坚强的意志。同时,掌握一些避免或延缓激情爆发的方法,如自我暗示、转移注意等。

(2)应激。

应激是个体在意外事件或危险情境下,面临或察觉应激源对机体有威胁或挑战时,在适应和应对过程中出现的高度紧张的情绪状态。能够引起应激反应的因素称为应激源。人在突如其来的或十分危险的条件下必须迅速地采取行动,这时就会表现出应激状态。例如在驾驶中,突然出现险情,如轮胎爆炸、转向盘突然失灵、制动系统失灵等,以及当车辆行驶在复杂的交通环境中时,由于突显信息的出现,如突然跑到车道上来的小孩、突然转弯过来的自行车等,使得驾驶人必须迅速判明情况,在一瞬间做出决策,这时,驾驶人一系列的情绪反应就是应激状态。研究还表明,应激状态引起的身心紧张,有时有利于主动调动身心各个部分解决当前紧急问题,维持一定的紧张度反而有助于认知功能的发挥,使人做出平时不可能做出的判断和行为;但应激状态所造成的高度紧张又会造成注意范围狭窄,反应迟钝,阻碍认知功能的正常发挥,导致人们正常处理事物能力的全面下降,这时很容易出事故。

驾驶人在发生交通事故的瞬间,会迅速进入高度应激状态,这是在突如其来或十分危险的条件下,必须迅速地、几乎没有选择余地地采取决策的时刻,例如在没有中央分隔带的道路中,相向行驶的车辆突然驶入对方车道、车辆在行驶中遇到行人突然横穿公路、同方向行驶的自行车不给任何信号突然猛拐等。这时需要驾驶人迅速地判断情况,在一瞬间做出决定,且利用过去的经验进行处理。

在应激状态下,驾驶人必须头脑清醒、判断迅速、抉择正确、行动果断,才能处理好意外发生的情况。所以,驾驶人应该有较高的安全行车意识和良好的驾驶习惯,努力提高自己的驾驶技能,使自己在紧急的情况下,能做出正确的反应,避免或减少事故的发生。

(3)心境。

心境是一种使人的一切体验和活动都染上一种稳定、持久但较微弱的情绪色彩的心理状态。它是发生过的情绪情感的延续和"后作用"的结果,是具有背景性质的情绪状态,后续的心理活动是在这个心理背景上发生和发展的。良好的心境使人感觉"事事顺心",让人觉得世界是那么美好,充满了阳光。例如,得到年终安全大奖的驾驶人在其后的几天中都会觉得心情舒畅,甚至觉得连花儿、鸟儿都在为自己祝福,在驾驶过程中不仅反应迅速、动作敏捷,还能主动礼让行人和其他过往车辆,连平时最不能容忍的事情都能谅解。而消极沮丧的心境却会使驾驶人心情沉重、萎靡不振,在驾驶过程中反应迟钝,注意力不集中,错误动作、多余动作增加,对外界刺激极其敏感,容易动怒,很容易发生交通事故。

驾驶人在良好的心境下,感知清晰,判断敏捷,操作准确,能轻松愉快地处理好行驶中遇到的各种复杂情况;而在厌烦、消沉、压抑的心境下,会觉得工作处处不顺利,表现得粗鲁、易怒,总是感觉是有意与自己为难,在这种心境下很容易开赌气车,对行车安全产生非常不利的影响。驾驶人应当以崇高的道德情操,努力培养积极的心境,克服消极的心境,一切从人民的利益出发,使自己始终保持在良好的心境下驾驶车辆。

（二）路怒症

1. 概述

"路怒"一词 1988 年首先出现在美国,在报道洛杉矶一起由驾驶纠纷引起的枪击事件时,一家电视台使用了这个词。20 世纪 90 年代引入英国。随后媒体广泛地用来描述包括驾驶人、车上乘客、骑自行车的人或者行人"故意的、报复性的、不合理的、压力诱导的、心胸狭窄的"行为,后来被"敏锐"的学术圈和法律圈所接纳。一个词语这样的产生和发展路径,导致"路怒"这个词一直被认为是"这么普通和主观"而近似无意义的。《牛津英语词典》一般被认为是英语定义和发展的来源,1997 年《新版牛津英语大辞典》记载,"路怒"用以形容由令他人厌恶的驾驶事件引起的压力与挫折所导致的直接指向另一驾驶人的攻击行为,驾驶人可能会陷入失控之中。2006 年,"Road Rage"被译为"路怒症",以"泛华语地区中文新词榜"的身份第一次进入中国公众的视野。医学界将"路怒症"归类为阵发型暴怒障碍,路怒症发作的驾驶人经常会骂人、动粗甚至毁损他人财物,也就是驾驶攻击。

2. 路怒症的影响因素

（1）情境因素。

我国学者针对路况引发的愤怒做了调查,发现有 66.92% 的驾驶人认为,在看到有人严重违章的情况下可能导致"发怒"。而对"非常堵车""新手开车"这样的情况给予充分的理解。大量的研究已经验证了激发、刺激或引起驾驶攻击的情境和环境因素的影响作用。这些研究得出如下结论。

①道路上情境引发驾驶人产生挫折并导致路怒。

②日常问题的不断侵扰（例如,担心工作问题、担心往来债务）会加剧某人的压力水平,导致更多路怒。

③路怒会导致对他人的不尊重、不讲礼仪和更多的驾驶攻击。

④噪声、炎热和他人在场可能与路怒的出现有关。

当驾驶人处于挫折和压力情境下,其对情绪的调节及控制能力常常会减弱,在驾驶时容易引发驾驶愤怒。国外的研究发现,目前交通拥堵是造成驾驶人受挫的主要原因;其次,驾驶过程中出现的矛盾冲突,如其他驾驶人的吼叫、辱骂或敌意手势等无礼行为,故意阻挡、跟踪、追尾等敌对行为,闯红灯、超速、乱停乱放等违章行为以及警察干预等情境均可引发驾驶愤怒情绪。

（2）人口学因素。

路怒会因性别、年龄、文化程度、驾驶经验不同而表现不同。男性驾驶人在警察在场和慢速行驶时更愤怒,而女性驾驶人则在不规则驾驶和交通拥堵时更愤怒。研究发现年龄与路怒负相关,即年龄越小,驾驶愤怒越高;年龄越大,驾驶愤怒越低。例如德国驾驶人的驾驶愤怒水平随着年龄的增加而减少,且随着驾龄增加而减少。

与年龄和性别比较,驾驶人文化程度对路怒的影响的研究很少。目前仅发现在对土耳其驾驶人的调查中,对受教育程度与驾驶愤怒的关系的研究结果显示,小学、初中和高中文化程度驾驶人的驾驶愤怒在"慢速驾驶""不认真开车""否定""敌意"上得分显著高于大学文化程度驾驶人,也就是说,当遇到慢速驾驶、不认真开车、敌意、否定时,小学、初高中文化程度的驾驶人比大学文化程度的驾驶人更易愤怒。

对中国驾驶人的调查发现，较高水平路怒的驾驶人趋向于周里程数较少，但驾驶经验丰富。驾驶经验不足的驾驶人容易产生焦虑和低自信，因此，驾龄短的驾驶人对于其他驾驶人的攻击性没有那么愤怒，年轻而无经验的驾驶人更能容忍别人不良驾驶行为，他们认为不发生交通违法是不可能的，所以其驾驶愤怒水平比驾龄长的驾驶人更低。

（3）人格特质。

研究发现，驾驶人的人格是对危险驾驶行为的有效预测因素。驾驶人的人格特质与危险驾驶行为和事故显著相关，特别是愤怒特质和无规则特质是攻击性驾驶和违章的有效预测因素。

有研究者通过实证调查，比较了高低愤怒驾驶人的人格特征的不同。与低愤怒驾驶人相比，高愤怒驾驶人的特点有：在大量驾驶情境中表现出愤怒；愤怒更有频率；驾驶时更强烈的愤怒；用更敌对或攻击性的方式表达他们的驾驶愤怒；较少适应的或建设性的调节方法；驾驶时有危险行为；经历过事故相关后果。易愤怒驾驶人还更易表现出一般的愤怒和冲动，更易表达负面性的、缺少实际意义的愤怒方式。

3. 路怒症的行为特点

焦躁不安、狂按喇叭是最常见的驾驶攻击行为，约占31%，以牙还牙的报复行为也不在少数，更甚者辱骂、大打出手的也大有人在。通常驾驶人表达愤怒的4种方式包括言语攻击、人身攻击、用车辆表达愤怒和自我调节愤怒。研究表明，驾驶人的愤怒情绪与攻击性驾驶行为有很强的相关性。研究者对一般性攻击、驾驶人愤怒和攻击性驾驶之间的关系进行了研究，发现男驾驶人的年龄与其愤怒和攻击性驾驶负相关，女驾驶人的年平均行驶里程与攻击性驾驶负相关。然而，攻击性驾驶行为与交通事故之间的关系一直存在争议。

有研究者指出，攻击是独立于人口变量之外的不断增长的驾驶愤怒的一个结果。然而，愤怒和攻击联系不紧密，也不是直接相关。考虑到驾驶人的总体人数众多，驾驶人每天的行驶距离和驾驶环境中众多的决定因素和中介变量，日常生活中的攻击行为倒显得并不常见。在这方面，有人提出，愤怒和攻击之间具有中等程度的联系，这种关系的本质取决于有交互作用的个人和情景因素，例如，挫折、动机、自我意识的程度以及这些因素之间发生交互的类型和本质等。

三、驾驶人情绪调节

为了能够安全地驾驶汽车，驾驶人要经常进行情绪调节，以适应复杂的交通环境。情绪调节的方法可分为内部调节和外部调节两类，内部调节主要是驾驶人通过积极的语句自我暗示，将注意力转移到驾驶以外的任务中；外部调节是指由专业人士或者心理咨询师进行专业的咨询、指导和培训，旨在解决驾驶人及其家庭成员的心理问题并调节好情绪。

（一）驾驶人情绪调节的基本过程

个体的需要有时候与生活环境的变化协调一致，但有时候则产生矛盾与冲突，这就需要个体经常进行情绪调节以适应生活环境。情绪调节是指个体为完成目标而进行的监控、评估和修正情绪反应的内在与外在过程。情绪调节与社会交往、社会能力、社会适应、心理健康等一系列的发展结果相联系。

（二）驾驶人情绪调节的方法

情绪包含三个基本范畴,即神经生理—生物化学范畴、认知—体验范畴、动作—行为范畴。由此将情绪调节方法分为内部调节和外部调节两类。内部调节包括范畴内调节和范畴间调节。范畴内调节指在某一具体范畴内,如一个生理反应依据另一个生理反应做出调整。例如,在情绪生理反应中,心跳与呼吸的关系。在认知—体验范畴,体验影响认知或认知激活情感体验。范畴之间调节指一个心理范畴的激活调整另一个心理范畴的过程,例如认知—体验范畴与动作—行为范畴之间的相互调整、协调和改变。范畴内或范畴间各成分的协调是情绪调节的基本原理。内部调节则是个人层面上的调节,与个性相关。外部调节是指来源于外部环境的情绪调节,可划分为支持环境与破坏环境两类。支持环境促进良好情绪调节,破坏环境不利于良好的情绪调节。

1. 外部调节

员工援助计划,是由组织为其员工设置的一项系统的、长期的服务项目。通过专业人员对组织的诊断和建议,对员工及其亲人提供的专业咨询、指导和培训,旨在帮助改善组织的环境和气氛,解决员工及其家庭的心理和行为问题以及提高员工在组织中的工作绩效,并改善组织管理。

例如,公交驾驶人的工作态度和情绪影响着万千乘客出行的方便程度、安全指数和满意感受。公交驾驶人在工作和生活中面临诸多压力,如果无法得到合适的宣泄和排解,就容易产生暴躁或愤怒的情绪,进而对公共交通安全产生严重后果。公交企业通过实施员工援助计划,可以帮助驾驶人减少或降低由压力导致的不良反应和消极影响,提升身体状态和精神状态,进而提升工作绩效和工作满意度,减少离职率,使他们更加爱岗敬业,向市民提供安全、便捷、温馨的乘车服务。

2. 内部调节

情绪调节发生于情绪反应过程之中,可以区分为原因调节和反应调节。原因调节主要调整情绪的评价过程,基本调节方式包括评价忽视和评价重视;反应调节主要调整情绪反应成分,基本调节方式包括表情抑制和表情宣泄。由此可以推论,驾驶人可以通过使用积极语句自我暗示、将注意力转移到驾驶以外的任务中、与相关人士或者心理咨询师交流或者增加运动量等方式调节情绪。

3. 路怒的调节干预方法

关于路怒的干预,需要在识别驾驶愤怒的基础上,通过认知调整和行为改变相结合的方法,缓解愤怒情绪。音乐是有效缓解驾驶愤怒的方法之一。特别是严重交通堵塞情境下,特别舒缓放松的音乐能降低驾驶人的应激以及驾驶攻击。

第二节 驾驶人的气质

一、人的气质概述

气质是由先天性决定的一个人心理活动的动力特征,它决定心理过程的速度和稳定,心理活动的强度以及指向性。例如,知觉过程的速度,注意集中时间的长短,情绪的强弱及个性的内倾性和外倾性。

二、道路安全驾驶与气质特征

希腊医生希波克和罗马医生盖仑根据日常观察,总结出彼此有规律地联系着的某一类人所共有的心理特征的总和,认为人的气质分为四种类型:胆汁质、多血质、黏液质和抑郁质。这四种气质具有以下特征:

(一)胆汁质

这种类型的人,精力充沛,行动敏捷,反应迅速,情感发生迅速强烈,直率,胆大,外倾,但易于激动,急躁,鲁莽,傲慢。具有胆汁质的驾驶人,开起车来胆大气盛,反应迅速敏捷,精力旺盛,能克服困难,顺利完成任务,但往往超速行车,强行超车,易开"斗气车",争道抢行等。

(二)多血质

这种类型的人好动,感情变化快而不持久,动作敏捷、热情外倾。具有多血质的驾驶人开车时胆大心细,机动灵活,对道路条件适应快,应变能力强,较适宜担任驾驶工作。

(三)黏液质

这种类型的人安静、稳重、情感深,反应缓慢而持久,动作迟缓而不灵活,沉默寡言、内向。具有黏液质的驾驶人开起车来,四平八稳,遵章守纪,能正确处理其他车违章驾驶给自己带来的不便,不气急,不冒火,但在突然情况面前应变能力差,反应迟钝。

(四)抑郁质

这种类型的人行动迟缓,情感深沉、经验丰富而不外露,内向、极易忧郁伤感,性格孤僻,感情脆弱,外部表情微弱。抑郁质的驾驶人,开车时处理突发情况不够果断。

三、驾驶人气质与安全行车的关系

人的气质由高级神经活动的类型所决定。由于高级神经活动类型是可变的,所以人的气质也是可变的,在日常生活中,典型气质特征的人有,但多数人表现为中间型,或近似于某一类型的气质。气质可以影响性格的形成和发展,而性格可以在一定程度上掩盖或改造气质。不同气质的人可以形成同样的性格特征,同一类气质类型的人,也可以养成不同的性格。

气质类型无好坏之分,任何一种气质都有积极的和消极的一面。了解驾驶人气质与驾驶能力之间的关系,可使驾驶人根据自己的气质特点,有针对性地改造自己不利于驾驶工作的气质,巩固自己有利于驾驶工作的气质。例如具有胆汁质的驾驶人,在实践中逐步养成遇事冷静,自制力强,不冲动,不急躁,不开"斗气车",不开"英雄车"的优良性格,利用性格掩盖或改造自己易于激动、急躁、鲁莽、傲慢的不良气质。

汽车驾驶是一种特殊职业,驾驶人经常在复杂的道路、环境中驾车行驶,应具有优良的气质,自觉控制稳定的情绪,确保行车安全。概括来说,驾驶人优良气质应为:严肃、活泼、动作敏捷而具有可塑性,但情绪要稳定,精力要充沛,反应速度要快,直率、具有明显的外倾性,胆大心细,沉着老练,切忌激动、急躁、鲁莽、傲慢。

第三节 驾驶人的个性心理倾向

一、个性

(一)个性概述

所谓个性就是个别性、个人性,是一个人在思想、性格、品质、意志、情感、态度等方面不同于其他人的特质,这个特质表现于外就是言语方式、行为方式和情感方式等。任何人都是有个性的,也只能是一种个性化的存在,个性化是人的存在方式。

在日常生活中,人们对个性也容易产生一些误解,往往认为一个"倔强""要强""坦率""固执"的人很有个性,而"文雅""平和""斯文""柔弱"的人没有个性。这种看法是不对的,至少说是不全面的。"倔强""要强""坦率""固执"是人在其生活、实践中经常的、带有一定倾向性的个体心理特征,是一个人区别于其他人的精神面貌或者心理特征。由于这种倾向的个性特征比较鲜明、独特,往往容易给人留下深刻的印象。而"文雅""平和""斯文""柔弱"也同样是一种性格温和、希望与他人和睦相处的人带有倾向性的个体心理特征和区别于其他人的精神面貌或心理特征,只不过这种倾向性的个性特征比较平淡而不鲜明,往往不容易给人留下深刻的印象罢了。由此可见,不管是哪一种倾向性的个性特征,不管这种特征是鲜明的还是平淡的,它都表明了一种个性。心理特征人人都有,精神面貌人人不可缺少,从这种意义上来说,世界上不存在没有个性的人。个性对于一个人的活动、生活具有直接的影响,对于一个人的命运、前途有直接的作用。

(二)个性与安全驾驶的关系

个性心理特征是指个人能力、气质和性格等方面的差异,汽车驾驶人作为社会的一个特殊群体,其个性特征与交通安全有着一定的联系。例如,有些驾驶人社会适应性不强,这类驾驶人对他人感情冷淡,不注重社会规范,做了损人利己的事也麻木不仁并推卸自己的责任。日常工作中表现较差,道德水准低,但智力水平不亚于常人;表现在驾车风格上,开车时无视交通法规,公开或隐蔽地抵制交通管理,喜欢用冒险动作使对方避让自己,这种性格的人最易引发交通事故,成为交通肇事逃逸者。

1. 内向型和外向型的区别

从一般社会适应性上看,内向型与外向型的个性各有优缺点。在安全驾驶方面,内向型却有相当的优势。内向型驾驶人发生交通违法或事故的频次比外向型者低得多。这是因为内向型的驾驶人谨慎,做事有条理,具有避风险和严于自我监督的特点,有利于安全行车。内、外向型两种驾驶人发生交通事故的原因也有所不同。内向型驾驶人感知较迟钝,动作反应敏捷性差,易出现延误性错误;而外向型驾驶人易冲动,爱冒险,以致操作失误,如超速行驶、强行超车等。

2. 感知与注意方面的个性特征

在感知方面的性格有主动观察型和被动观察型的差异,主动观察型的驾驶人在驾驶过程中,受环境因素的影响较小,能从复杂的交通状态中有预见性地辨出其他交通参与者的交通动态,对交通信号、交通标志比较敏感等,并能及时准确地做出反应,即对交通事故有其预见性,能较好地保证安全行车。而被动观察型驾驶人对交通信息和其他交通参与者的动态判断则需较长时间,反应也相对较慢。因此,这类驾驶人易发生判断不及时、动作迟缓等错误,导致交通事故的发生。在注意的性格方面,注意范围比较狭窄,注意分配不当,注意转移比较困难,注意不够稳定,容易分心和厌倦的人,驾车时容易发生交通事故,不宜从事驾驶人这一职业,主要表现在:反应迟钝,遇事优柔寡断;情绪变化大,喜怒无常,性格暴躁,易激动;遇到险情不能及时发现,处理问题轻率或过度紧张,惊慌失措;遇事想不开,易钻牛角尖;轻视法律法规,安全意识差等。

二、人格

个性也可称为性格或人格,也有少数学者提出将"个性"和"人格"加以区别,认为个性即个体性,指人格的独特性。人格是一个复杂的内在组织,它包括人的思想、态度、兴趣、气质、潜能、人生哲学以及体格和生理等特点。两者并不是完全相同的,只是互相交错在一起,共同影响着人的行为。人格的形成更多地是由教育决定的。

人格是构成一个人的思想、情感及行为的特有模式,这个独特模式包含了一个人区别于他人的稳定而统一的心理品质。人格是稳定而持续的模型,作为独立个体的驾驶人,他们的驾驶风格、学习过程、肇事经历和驾驶安全期望都是不同的,具有迥然各异的人格表现。相关研究表明,交通事故驾驶人是指驾龄在 5 年或 5 年以上,连续 5 年内共发生 3 次或 3 次以上责任事故的驾驶人。在研究中,发现交通事故驾驶人普遍表现出:自我控制力弱,神经质症状多,情绪稳定性差,攻击倾向强烈,感受性快的人格特征。

研究人员检验了众多人格特质和测量模型,这使得我们很难评估人格同驾驶安全的关系。因此,研究者一直在寻找一些能够区分个体和加深对个体人格理解的核心特质,例如攻击特质、愤怒特质等。其中使用最广泛的测量工具是大五人格特质模型,它是一个在单一框架内呈现并测量多种人格特质的系统。

大五人格模型有五个维度,向我们展示了一个整体的人格概况。模型的每个维度都包括很多具体的特质:外向性,指随和、健谈、自信、有活力、大胆、冒险、寻求刺激,它同退缩、害羞、安静、保守、沉默寡言相反;宜人性,指友好、和蔼可亲、谦虚礼让、助人为乐、灵活、宽容、体贴、信任、合作以及人性的其他方面;开放性,指好奇、想象力丰富、兴趣广泛、易于接受新事物、易受影响、有创造力;责任性,指谨慎、负责、全面、有组织、有效率、目标明确;神经质,指焦虑、抑郁、紧张、害怕、愤怒、没有安全感,它同感情稳定相反。

三、驾驶人的心理特征

(一)驾驶人的操作特性

在道路交通要素中,驾驶人具有特别重要的作用。因为除了行人、自行车、助动车和摩托车以外,道路交通最主要的客、货运输都要由驾驶人来完成。驾驶人既要保证将旅客和货物迅速、顺利、准时送到目的地,又要保证旅客的安全、舒适及货物的完好。同时,行人、自行车、助动车和摩托车交通安全均受到机动车交通的影响。由于绝大多数交通事故直接或间接地与驾驶人有关,因此,要求驾驶人具有高度的社会责任感,良好的职业道德,身体素质、心理素养及熟练的驾驶技术。充分认识和掌握驾驶人的交通特性,对于保证交通运输的正常运行和人民生命财产的安全是十分重要的。

(二)驾驶人的反应操作过程

驾驶人在驾驶车辆过程中,首先通过自己的感官(主要是眼、耳)从外界环境接收信息并产生感觉(视觉和听觉),然后通过大脑一系列的综合反应产生知觉。知觉是对事物的综合认识,在知觉的基础上,形成所谓"深度知觉",如目测距离、估计车速和时间等。最后,驾驶人凭借这种"深度知觉"形成判断,从而指挥操作。这个过程可以抽象成驾驶人控制系统。

(三)驾驶人的反应特性

反应是由外界因素的刺激而产生的知觉—行为过程。它包括驾驶人从视觉产生认识后,将信息传到大脑知觉中枢,经判断,再由运动中枢给手脚发出命令,开始动作。反应时间是控制汽车行驶性能最重要的因素。

驾驶人开始制动前最少需要 0.4s 的反应时间,产生制动效果需 0.3s 时间,共计 0.7s。根据美国各州公路工作者协会规定,判断时间(即反应时间)为 1.5s,作用时间(即产生制动效果)为 1.0s,故从感知、判断、开始制动,到制动发生效力的全部时间通常按 2.5 ~ 3.0s 计算,道路设计中以此作为制动距离的基本参数。反应时间的长短取决于驾驶人的素质、个性、年龄、对反应的准备程度以及工作经验。

检验评估

1. 驾驶人常见的情绪有哪些?这些情绪如何影响驾驶人的驾驶行为?
2. 引起驾驶人应激状态的应激源有哪几类?
3. 路怒症的表现是什么?
4. 驾驶人路怒症的影响因素有哪些?
5. 驾驶人情绪调节的方法有哪些?
6. 心理学的研究对象、任务和主要内容是什么?
7. 个性心理特征包括哪几个方面?各有哪些主要内容?
8. 人的气质有哪几种?各有什么主要特征?

第四章　驾驶人的注意品质

学习目标

1. 了解驾驶人注意品质的定义、分类。
2. 熟知驾驶人应该如何集中注意力。
3. 掌握驾驶人转移注意力的概念方法。
4. 熟练掌握驾驶人分配注意力的定义方法。

案例分析

2013 年 7 月 17 日 13 时 24 分,一辆从云南元阳客运站驶往个旧方向的中型普通客车,沿个元公路以 80km/h 的速度行驶(该路段最高限速为 70km/h)。客车行至各元公路 42km + 800m 时。驾驶人因违法接听电话,导致车辆行驶路线偏移,采取制动措施无力,客车飞快驶出路面,撞毁道路外侧护栏墩,翻滚入距离路面 23.6m 的红河中。事故发生后,从红河中打捞出 5 具遇难者遗体,8 人被红河冲走,下落不明,6 人受伤,直接经济损失达 145.89 万元。

驾驶机动车拨打或接听电话,会分散驾驶人观察及操作的注意力,尤其电话中听到不愉快或不顺心的事,会影响驾驶人的情绪,导致驾驶操作失误,安全隐患极大。客车驾驶人一边驾驶、一边接打手机的情况较为普遍,尤其是对长途驾驶人,这种现象更为严重,殊不知在接打手机的过程中,一瞬间的分心,一个小的错误动作,都会威胁到乘客的生命安全。

驾驶人驾驶机动车时接听手机会分散注意力,对外围视觉的感知能力降低,单手操纵转向盘遇到紧急情况时,往往不能有效控制车辆,容易造成追尾、剐碰等交通事故。

近年来,随着智能手机的普及以及微博微信的风靡,开车低头看手机、打电话、发短信、玩微信甚至拍照的现象日益严重。这也引起了全国人大常委会有关人员的关注,在刑法修正案(九)草案审议中,有人大代表将这一行为概括为"盲驾",建议将开车使用手机的行为纳入危险驾驶罪,认为"这样造成的'盲驾',比醉驾和毒驾更具危险性,危害程度更大,如果将此类行为入刑,会降低驾驶风险"。

那么,开车玩手机究竟危害有多大? 2014 年,中央电视台的一项调查显示,车速 60km/h 时,低头看手机 3s,相当于盲开 50m,一旦遇到紧急情况,制动至少需 20m。据统计,开车看手机发生事故概率是普通驾驶的 23 倍;开车时打电话发生事故概率是普通驾驶的 2.8 倍。

驾驶人的注意品质对交通安全有直接影响。用眼动技术记录驾驶人的眼动轨迹的研究表明:行车中,人眼绝大部分时间注意前方,并在汽车后视镜、风窗玻璃前方来回运动。事故与无事故汽车驾驶人在注意品质方面存在显著的差异,事故驾驶人比无事故驾驶人的注意广度小,注意转移和注意分配的能力差,并且注意力不容易集中。

第一节　驾驶人注意品质概述

一、注意

(一)注意的定义和特点

1. 注意的定义

注意是心理活动或意识对一定对象的指向与集中,是高级心理活动的最高统合,是心理活动的重要组成部分。通常人们说的"聚精会神""专心致志""留神""当心"就是注意的意思。注意是一种心理现象,它和人的心理活动紧密相连,是心理活动的一种属性或特征。

2. 注意的特点

注意有两个特点,即指向性与集中性。注意的指向性即使人的认识指向意识所关注的对象,指人在每一瞬间,其心理活动或意识选择了某个对象而忽略了另一些对象。注意的指向性是心理活动或意识在哪个方向上进行活动,指向性不同,人们从外界接收的信息也不同。比如驾驶人在驾驶的时候,其心理活动或意识选择了路上的车和行人、其他机动车和非机动车、红绿灯等路况信息,而忽略了其他无关的信息,所以,他会记得路上的状况,但是其他和驾驶无关的信息,比如路边某个商店的名称等,只会有一个模糊的印象。

当心理活动或意识指向某个对象的时候,它们会在这个对象上集中起来,即全神贯注起来,这就是注意的集中性。例如驾驶人驾驶时,其注意力高度集中在路况和自己的操作动作上,与驾驶无关的其他人和事,便排除在其意识之外。

如果说注意的指向性是指心理活动或意识朝向哪个对象,那么集中性就是心理活动或意识在一定方向上活动的强度或紧张度。心理活动或意识的强度越大,紧张度越高,注意也就越集中。

人在高度集中自己的注意时,注意指向的范围就缩小,这时,其对自己周围的一切就可能"视而不见,听而不闻"了,从这个意义上说,注意的指向性和集中性是密不可分的。同一时间,人们不能同时感知很多对象,只能选择少数对象进行感知,以便获得清晰、深刻和完整的反映。

注意不是一种独立的心理过程,它贯穿心理过程始终,与认识过程、情感过程、意志过程难以分开,是一切心理活动的共同特征,是保障驾驶安全的基本心理品质,贯穿于驾驶过程。

(二)注意的功能

注意的基本功能是对信息进行选择。周围环境给人们提供了大量的刺激,这些刺激有的对人很重要,有的对人不那么重要,有的毫无意义,甚至会干扰当前正在进行的活动。人要正常地进行生活与工作,就必须选择重要的信息,排除无关刺激的干扰,这是注意的基本功能。注意对信息的选择受多种因素的干扰,如刺激物的物理特性、情感、过去的知识经验等。

在注意指向某个对象之前,或有意识地加工某种输入信息之前(前注意阶段),某些不受意识控制的、自动化的信息加工就开始了。但这些过程并不能取代注意在人的心理活动和行为中的重要性,注意指向并集中在一定对象后,会保持一定时间的延续,维持心理活动的持续进行。这时被选中的对象或信息居于意识的中心,非常清晰,人们容易对它做进一步的加工和处理。有人认为,人对外界输入信息的精细加工及整合作用都是发生在注意状态下。在前注意状态下,人们只能对个别特征的信息进行初步加工,在注意状态下,人们才能对个别特征信息进行精细加工并将其整合为一个完整的物体。

注意不仅是个体进行信息加工和各种认知活动的重要条件,也是个体完成各种行为的重要条件。在注意状态下,人们才能有效地监控自己的动作和行为,从而达到预定目的,避免失误,顺利完成相应的工作任务。

总之,注意保证了人对事物的清晰认识、更准确地反应和进行更可控有序的行为,这是人们获得知识、掌握技能、完成各种智力操作和实际工作任务的重要心理条件。对驾驶人来说,良好的注意品质是安全驾驶的重要条件。

(三) 驾驶人注意

驾驶人注意是指驾驶人在驾驶过程中,心理活动或意识对一定的道路交通信息有选择地指向和集中。

驾驶人在交通行驶过程中,要做到安全行驶,就要通过心理活动有选择地指向和集中于交通环境的各种情况,通过观察迅速、清晰、深刻获取交通信息,经过大脑分析、综合判断和推理,然后采取正确的交通行为,如果在观察、思维、行动时没有注意的指向和集中,那么一切情况便会视而不见、听而不闻,判断不准,行动出错,产生严重后果。曾经有一些以技术好著称的驾驶人,因为一时的分心,注意力不集中,而造成一些大大小小的事故。

2014 年 11 月,一条公交驾驶人玩手机撞死骑车老人的新闻引人关注,当时公交车以70km 的时速行驶,驾驶人 4 次掏出手机,在不到 7min 的时间里,一共低头看了 39 次,这就意味着,他每一次低头,汽车就开出去近 20m。结果,公交车撞上一自行车,致使骑车老人死亡。

可见驾驶人在驾驶过程中,自始至终都要把注意力集中到驾驶上。要是注意力不集中,哪怕是一两秒,也可能出事。一些有经验的驾驶人认为即使安全行驶了几万公里,如果注意力不集中,出事就在一两米。所以驾驶人应当掌握这种心理现象的规律,知道怎样集中注意力、转移注意、分配注意以及怎样扩大注意范围,以确保行车安全。

(四) 驾驶人注意缺乏和驾驶人分心

目前,国外有些对驾驶人注意品质的研究,特别对驾驶人注意力缺乏和驾驶员分心做了专项的研究。

1. 驾驶人注意力缺乏

驾驶人注意力缺乏指驾驶人在驾驶活动中,由于心理活动或意识缺乏对安全信息的指向和集中,致使操作失误,造成驾驶任务失败。

驾驶人注意缺乏可以分为以下几类。

(1)驾驶人注意受限:由于某种自身原因(如生理因素或酒驾)导致的驾驶人无法侦测

到影响安全驾驶的关键因素,并引发驾驶人在从事驾驶活动时,注意投入不足或没有注意参与,从而无法保证安全驾驶。

(2)驾驶人注意非优先:由于驾驶人忽视影响安全驾驶的关键信息,引发驾驶人从事驾驶工作时,注意投入不足或没有注意参与,从而无法保证安全驾驶。

(3)驾驶人注意疏忽:由于驾驶人忽视影响安全驾驶的关键信息,引发驾驶人在从事活动时,注意投入不足或没有注意参与,从而无法保证安全驾驶。

(4)驾驶人注意粗略:由于驾驶人只是粗略或草率地处理影响安全驾驶的重要信息,引发驾驶人在从事驾驶活动时投入不足或没有注意参与,从而无法保证驾驶安全。

(5)驾驶人注意偏离:注意由驾驶人的关键活动偏离到其他竞争活动,从而导致对安全驾驶的关键信息注意不足或注意缺乏,比如驾驶人的注意转移到其他与驾驶无关的事情上或转移到偏离安全驾驶的关键点的事情上,无法保证驾驶安全。

2. 驾驶人分心

驾驶人分心指驾驶人的注意力从主要驾驶任务中自发或无意识地偏离,与损伤(来自酒精、毒品、疲劳或药物作用情况)无关。注意力偏离的原因是驾驶人执行一个(或一些)额外的任务,临时将注意力关注于一个与主要驾驶任务无关的客体、事件或个人。这种偏离会降低驾驶人在碰撞、擦碰或转向行为中对环境的认知、驾驶决策的正确率以及表现绩效。

美国卡罗莱纳州大学曾组织了一次"自然"的观察研究,考察驾驶人在驾驶中的活动类型以及对交通事故的潜在影响。在一星期内,用视频录像记录了大约 70 名驾驶人 10h 的,研究者经过录像分析,确认各种分心次要任务的影响率。他们发现,在驾驶过程中,驾驶人大约花费 15.3% 的时间与乘客聊天。驾驶人从事其他一些活动的时间占整个驾驶活动的 14.5%。

(1)驾驶人分心类别。

有的研究者将驾驶人分心主要分为视觉分心、听觉分心、嗅觉分心、味觉分心、触觉分心、认知分心。

①视觉分心:注意偏离到我们所看到的事情上。

②听觉分心:注意偏离到我们所听到的事情上。

③嗅觉分心:注意力偏离到我们闻到的事物上。

④味觉分心:注意力偏离到我们所吃到的东西上。

⑤触觉分心:注意力偏离到我们感觉到的东西上。

⑥认知分心:注意力偏离到我们思考的问题上。

(2)驾驶人分心的影响因素。

分心是否影响驾驶人表现和安全,依赖于四个主要因素:驾驶经验、驾驶任务要求、竞争任务要求以及驾驶人应对竞争活动的自我调节能力。

①驾驶经验。年轻驾驶人由于缺乏经验,更容易受到竞争活动(指和驾驶活动同时进行的其他活动)及其他因素的影响,年轻驾驶人在处理竞争更活动时其空闲的注意资源更少。例如,一个缺乏经验的驾驶人,相比于有经验的驾驶人,应对竞争任务时其空闲的注意资源更少。有经验的驾驶人通过练习和经验,已经可以自动化地同时处理很多驾驶子任务,因此仅需要很少的注意资源,美国专家研究发现,对于新手驾驶人,与使用自动变速器操纵杆相

比,手动变速转换显著降低了信号检测绩效。对于新手驾驶人,手动变速转换是一个要求注意参与的任务,它占用了很多注意资源,并且会干扰驾驶表现。

②驾驶任务要求。驾驶任务要求不以个人条件为转移,是对驾驶人的个人能力和驾驶活动所提出的要求。影响驾驶任务要求的因素包括交通条件、天气、路况、乘客的数量和种类、驾驶舱的人体工效学设计以及汽车速度。一般来说,驾驶任务要求越低,可供驾驶人参与竞争活动的剩余资源越多。例如,一个良好的人体工效学设计的汽车座舱,将减少工作负荷,并给予驾驶人更多的注意资源来参与竞争任务,并由此降低从事重要任务的难度。由于现代车辆操作起来更方便,驾驶任务相对容易,并不需要驾驶人完全投入注意,并持续维持注意来安全驾驶,因此现代驾驶任务可称为"满意任务",但是往往低任务要求反而促使驾驶人更加自信,对于无关安全驾驶的信息分配注意资源,以至于卷入分心,导致事故。

③竞争任务要求。竞争任务是指在驾驶过程的特定时间内,驾驶任务以外的非必要驾驶活动的额外任务,它与驾驶任务竞争注意资源,例如和乘客聊天、打电话等,由于竞争任务与驾驶任务往往同时进行,驾驶人的能力是否能够胜任竞争任务的难度、竞争任务分配的时间、驾驶人的经验、竞争任务的操作内容和难度等因素,都会对驾驶任务的干扰程度具有重要影响和作用。

④自我调节能力。在应对竞争活动的过程中,驾驶人自我调节的能力是影响驾驶人分心的关键因素。自我调节的作用,主要是在驾驶过程中的计划、策略和操纵侧面上,通过驾驶人的执行来控制和调节自身暴露于竞争活动、从事不安全行为的时间,从而有效控制资源的投入。

当驾驶人分心发生时,驾驶人将投入一部分注意资源去处理竞争任务,势必会以某种形式干扰正常驾驶。这种干扰可大可小。以上提到的四种影响因素,可在竞争任务和安全驾驶的关键活动之间起到调节干扰程度的作用。

二、注意的分类

(一)无意注意

无意注意也称不随意注意,指没有任何意图没有目的性,也无需意志努力的注意。这是一种不受人意志的支配、形势比较低级的注意。如驾驶人正在高速公路上专心致志地开车,视线内突然飞过来一个不明飞行物,这时驾驶人和乘客的注意力都会把视线投向这个物体,并且不由自主地对这个不明飞行物引起了注意,在这种情况下,我们对要注意的东西没有任何准备,也没有明确的认识任务,注意的引起和维持不是依靠意志的努力,而是取决于刺激物本身的性质。在这个意义上,不随意注意是一种消极被动的注意,人的积极性的水平较低。例如对强烈的噪声和强烈闪光的感受,我们并没有打算注意它,但它却吸引我们,于是就不由自主地去注意它,就是无意注意。

无意注意取决于当前刺激的特点,当前刺激应具备什么样的特点才能引起人们的无意注意呢?

引起无意注意的对象往往具有很高的对象显著性,也就是说刺激物的强度很大,强光、浓烈的味道、巨大的声音、摩托车白天使用车前灯、某些车明亮的外壳都能够引起人们的无意注意。驾驶人听到一声巨响,无意中往声音方向看了一眼,这就引起了驾驶人的无意注意,当然现实中也可能因为这一秒钟的无意注意而导致了事故的发生。

其次,刺激物的活动或变化会引起无意注意,如一闪一灭的灯光、五颜六色的广告牌和招牌等,都会引起人们的无意注意。交通工程中设置闪烁的警示灯标志,都是从吸引驾驶人注意力的角度,唤起驾驶人的无意注意,以达到提醒驾驶人的目的。

最后,刺激物之间的对比关系也会引起无意注意,如形状、大小、强度、颜色或持续时间等方面的明显对比,也会引起无意注意。如在高速公路上设计一些以黄色和红色为主的警示标识,醒目的颜色和公路的灰色有明显的对比,这样容易引起驾驶人的无意注意在驾驶过程中,车外环境不断变化,新鲜、稀奇的事物以及各种强烈的刺激很多,如果驾驶人不能控制自己而被无意注意控制,那是非常容易出交通事故的。

(二)有意注意

有意注意也称随意注意或积极注意,指有预定目的,必要时还需要付出一定意志力的注意力。这是一种受人的意志支配,有一定预期目标,形式比较复杂的注意。例如,交通规则考试时,考试前阅读和记忆交通规则,驾驶人行车中留心观察路线和行人动态,驾驶人在长途行车或者危险路段的行驶中,必须做出很大的努力保持和集中注力,才能保障行车的安全。即使这样会感到单调和贫乏,但还是强迫自己去注意,所以需要一定的主观努力。这些都是有意注意,都是有目的的注意,它是注意的一种积极主动的形式。

有意注意的心理特征是紧张,而且这种注意持续时间长了导致的疲劳,往往比体力上的紧张厉害得多。要真正确保行车安全,要在驾驶过程中保持高度注意,都要靠有意注意。但仅靠有意注意,就容易驾驶员疲劳。所以,在驾驶中,驾驶人要注意无意注意和有意注意的相互转换。通过两种注意的不断转换,既可以使注意长期保持在对象上,同时避免了长时间有意注意带来的疲劳。在行驶中,驾驶人要设法使两种注意交替,以保持注意持久地集中。

(三)选择性注意

选择性注意是个体在同时呈现两种以上的刺激却选择一种进行注意,而忽略另外的刺激。

(四)持续性注意

持续性注意是指注意在一定的时间内保持在某个认识的客体或活动上,也称注意的稳定性。例如,客车驾驶人在驾驶的一段时间内,使自己的注意保持在驾驶活动上;外科医生在连续几小时的手术中聚精会神地工作;雷达观察员长时间地注视雷达荧光屏上可能出现的光信号,这些都是持续性注意的表现。

持续性注意是衡量注意品质的一个重要指标。它在人们的工作和生活中有重要的意义。学生必须具有持续的注意,才能有效接受教师传授的知识。驾驶人必须有稳定的注意,才能正确地进行操作,排除各种障碍和突发状况,顺利达到目标。

(五)分配性注意

分配性注意是个体在同一时间对两种或两种以上的刺激进行注意,或经注意分配到不同的活动中。汽车驾驶人在驾驶汽车时手扶转向盘,脚踩加速踏板,眼睛还要注意路标和行人。

分配注意或注意的分配是完成复杂工作任务的重要条件。如果一个驾驶人不能同时把注意分配在不同的活动上,就不能成为一个合格的驾驶人。有些交通事故正是由于驾驶人不能很好地分配注意造成的。

第二节　驾驶人集中注意力

一、集中注意力

驾驶人集中注意力指驾驶人在驾驶过程中充分利用注意的稳定性和集中性这两个品质,保证驾驶任务的顺利完成。

注意的稳定性要求驾驶人在完成驾驶任务时将注意力持续稳定地保持在驾驶活动上。这种稳定性主要指驾驶人注意持续在驾驶活动上的时间,这是注意的时间特征。持续时间越长,注意就越稳定;反之,稳定性就差。注意的集中和稳定是驾驶人一种很可贵的品质。

与其他工作相比,驾驶车辆更需要时刻集中注意。因为汽车运行速度高,车内外环境瞬息万变,只要稍微不注意,就会忽略某些重要的情况而导致事故的发生,不过要求驾驶人长时间毫无动摇地把注意力集中在一件事上也是不现实的。根据研究,注意的稳定性有狭义和广义之分。

狭义的注意稳定性指注意维持在同一对象上的时间。当人们把注意力集中在同一个事物上,注意不能长时间地保持固定不变,而是在间歇地加强和减弱,即一会儿注意,一会儿不注意。注意的这种周期性变化叫作注意的起伏现象。根据试验可知,听觉的起伏现象的周期最长,视觉次之,触觉最短。注意的这种起伏现象,主观上不易感觉到,对活动的效果也没有重大影响。

广义的注意稳定性指在集中注意时,并不仅仅指向一个单一的对象,而是保持注意的总方向和总任务不变,具体的注意对象和注意活动可以有所变化。对驾驶人来说,集中注意不是单一的指集中注意观察前方,别的都不去注意,而主要是把注意始终集中于驾驶活动。例如,驾驶人在行驶过程中,时而集中观察前方,时而注意仪表,时而注意倾听乘客的声音,这些是应该而且必需的。

二、影响驾驶人注意力集中的因素

(1)对注意对象任务的依从性。目的越明确、越具体,越易于引起和维持注意。以学习为例,有具体明确的学生目标,学生更能有效地从课堂选择信息,保持良好的注意。

(2)兴趣的依从性。有趣的事物容易引起注意,如果驾驶人对驾驶工作比较感兴趣,能够维持稳定而集中的注意力。

(3)对活动组织的依从性。能否正确地组织活动,也关系到注意的引起和维持,有些人养成了良好的工作习惯和生活习惯,饮食起居很有规律,这样在规定的工作时间内,便能全神贯注地工作。相反,一个没有良好生活习惯的人,整天处于忙乱的状态,在必要的时候就难以组织自己的有意注意。很多安全行驶无事故的驾驶人,长期养成良好的工作生活习惯,都能够保证在驾驶期间保持较长时间的专心致志。

（4）对过去经验的依从性。知识经验对有意注意也有重要的影响,一方面人们对自己异常熟悉的事物或活动,可以自动地进行加工和操作,无需特别的注意力;另一方面,人们想要在活动中维持自己的注意,又与其知识经验有一定关系。驾驶经验丰富的驾驶人在驾驶过程中可以比较熟练地进行驾驶操作。

（5）对人格的依从性。一个具有顽强、坚毅性格特点的人,易于使自己的注意服从于当前的目的与任务。相反,意志薄弱、害怕困难的人,不可能有良好的注意力集中能力。

三、驾驶人要善于集中注意力

（一）积累经验,养成不断变换注意对象的习惯

要提高注意的稳定性和集中性,驾驶人应养成不断变换有关注意对象的习惯,根据不同的情形,对不同的对象产生指向和集中,只有这样,注意才能长时间保持在驾驶活动上。例如,当在结冰的路面行驶时,驾驶人将把注意力主要集中在自己的车的运行状态;在浓雾中行驶时,驾驶人会努力探寻前方超出能见度范围的道路状态和来车信息;在雨雪天气时,驾驶人会主动打开刮水器,探寻运行前方的道路状态和交通状态;在将要逆向超车时,驾驶人会将相同方向上的道路状态和交通状态作为注意对象。

（二）目标明确,加深对驾驶任务意义的理解,增强使命感

驾驶人注意力的集中主要取决于有意注意能力。有意注意作为需要一定意志努力完成的注意,它是一种积极主动的注意,需要有预定的目标和任务。对活动的结果和意义的理解越深,集中注意力的要求和决心就越强烈,注意也就越能稳定和集中,能够充分、深刻认识到行车安全的重要意义,领悟到行车安全是驾驶过程中肩负的重要使命,有利于提高驾驶人行车过程有意注意的水平。优秀的驾驶人都有较好的集中注意力的能力,因为他们的使命感较强。

（三）培养良好的人格品质

客车驾驶人需要培养顽强、坚毅的性格特点,努力克服在工作中遇到的困难,不断提高自身素质,这样才能有良好的集中注意力的能力。

（四）养成良好的工作生活习惯

良好的工作生活习惯,正常健康的饮食起居习惯,可以保证驾驶人在工作时保持良好的状态,保持长时间的注意力稳定。

第三节　驾驶人转移注意力

一、转移注意力

注意的转移是根据新任务,即主动把注意力从一个对象转移到另一个对象上。例如,在

行车过程中,驾驶人的注意力一般集中在驾驶车道,当环境趋于复杂的时候,驾驶人的注意力也会向原驾驶车道以外的区域(如后视镜、目标车道、路边行人等)转移。研究发现,在宽敞的路上,驾驶人的注意一般都保持在正前方。有经验的驾驶人时而偏左时而偏右,观察有无潜在的危险,形成一个椭圆形的视觉注意窗口;新驾驶人却刚好相反,无论道路环境如何变化,他们极少转移视线。

注意转移与注意分散不同。注意转移是在实际需要的时候有目的地把注意转向新的对象。注意分散是在需要注意集中的情况下,由于受到无关刺激的干扰而使注意离开需要注意的对象,是一种被动的、不由自主的转移。

驾驶工作要求驾驶人善于转移注意。从每次开始驾驶来说,如果不能从思想上抛开原来的活动,及时进入驾驶状态,而把注意力保持在原来的活动上,这对驾驶工作来说就是分散注意。由于分散注意而发生的交通事故实在是太多了。

从驾驶过程来说,也需要不断转移注意力。

二、驾驶人要善于转移注意力

(一)注意能否迅速转移制约因素

(1)对新活动意义的认识水平。如果驾驶人能够正确认识新活动的意义,注意就容易转移。优秀的驾驶人在每次出车的时候,都能够真正认识到做到自己手中握着乘客的生命安全,他就会在开车前把一切活动放下,迅速将注意力转移到驾驶活动。

(2)对原来活动的注意集中程度。如果进行先前活动时注意非常集中,那么要把注意迅速转移到新的活动上就不太容易。

(3)新注意的对象越符合人的需要和兴趣,注意的转移越容易,反之,注意的转移就越困难。

(二)驾驶人善于转移注意力的方法

提升自身认识水平,拥有较好的职业素养,对自己的工作的意义和性质有充分的认识和了解。平时养成良好的习惯,在工作期间专心于工作,不去从事太多太刺激、太吸引人的其他娱乐活动,如赌博等。爱好自己的职业工作,对工作保持兴趣。

第四节　驾驶人分配注意力

一、分配注意力

注意分配指人在进行多种活动时,能把注意同时指向不同对象。驾驶车辆的工作要求驾驶人有较强的分配注意的能力。因为在行车过程中,要求驾驶人始终把注意力分配在许多活动上,同时注意几个方面的情况。一般来说,驾驶人在驾驶活动中,注意的信息可以分为两大类,即车外路况信息和车内操作信息。车外路况信息较为丰富,大体包括路面状态信息、交通标志与交通标线信息、交通状态信息、环境信息等方面的内容,对这些信息存在注意分配问题。车内操作信息包括操纵转向盘、观察仪表、踩踏制动踏板等项动作内容。

经研究，新驾驶人倾向于把全部注意分配到驾驶任务上，而有经验的驾驶人只把少量注意分配到驾驶任务上，留有充分的注意储备，一旦出现特殊情况，就会及时发现，迅速、准确地处理险情。这是"注意分配主动型"驾驶人和"消极分配型"驾驶人的本质区别。研究表明，驾驶人在不同的驾驶环境下有不同的注意力分配策略和扫视模式，弯道驾驶环境和复杂路况驾驶环境相对于直道无障碍驾驶环境要分配更多的注意力，注视次数和注视时间也显著增加。

在驾驶过程中，驾驶人既要注意驾驶操作，又要注意来往车辆和行人，还要注意交通标志等，如果不能分配注意，顾此失彼，就非常容易发生交通事故。现实中，驾驶人忙着打电话、找零钱而造成严重交通事故的情况时有发生。

二、驾驶人要善于分配注意力

（1）影响驾驶人注意分配的基本条件。

注意分配的一个基本条件，就是同时进行的几种活动的熟练程度或自动化程度。如果人们对这几种活动都比较熟悉，其中有的活动接近于自动进行，那么注意的分配就较好。相反，如果人们对要分配的几种活动都不太熟悉，或者这些活动都较复杂，那么注意分配就比较难。另外，注意分配也和同时进行的几种活动的性质有关。一般来说，把注意分配在几种动作技能上就比较容易，而把注意同时分配在几种智力活动上就难得多。对双向作业操作的研究发现，当两种作业难度增加时，作业完成的质量和水平都会下降。说明作业难度增加后，每一种作业对注意的要求将会增加，注意的分配也更加困难。

（2）驾驶人如何提升注意分配能力。

要使驾驶人注意能够分配到驾驶活动中的几种活动上，重要的条件之一就是这些活动中只有一种是不熟悉的，需要成为注意的中心，而其余的活动必须非常熟练，甚至达到"自动化"的程度，不需要特别的注意也行，这样才能把注意分配到比较生疏的活动上。驾驶活动中，路况信息瞬息万变，应当是主要的注意对象，而驾驶操作应通过练习达到"自动化"的程度。驾驶人要准确分配注意，就必须勤学多练，使操作技能成为熟练的技巧，这样就可以同时注意几件事情了。

（3）此外，为了能够更好地分配注意，必须在同时进行的几种活动之间建立一定的联系，形成一定的动作反应系统，并达到"自动化"程度，例如汽车起步，先挂挡，后松驻车制动器，再缓松离合器，适当踩踏加速踏板，然后徐徐起步。只有这个反应系统形成了，驾驶人就不必过多地注意这些动作，只要注意观察汽车前后左右的情况就行了，这就实现了把集中注意分配在同时进行的几种活动上。

第五节　驾驶人的注意广度

一、注意广度

注意广度也称注意范围，它指在同一时间内，人能够清楚地觉察或认识客体的数量。我国的心理工作者在汉字方面所做的实验表明，在 0.1s 的时间，一般人对没有内在联系的汉字只能看清 3~4 个,对有内容联系的词或句子,一般可看 5~6 个字。

有一个关于注意广度的最古老的试验,就是往白盘子里撒豆子,若是撒三个或四个,一眼就能看出多少,即正确估计的百分率为 100%,撒到 5 粒豆子时,就有 5% 看不清,撒到 10 粒时,正确估计的百分率在 50% 以下。该试验表明,豆子越多,正确估计的百分率越小。

这些结果说明,人的注意范围是有一定限度的。所以,汽车的牌号一般不超过六位数,但是,如果事物之间有联系,我们也了解其中意义,那么注意的范围就大一些。

参与道路交通时,驾驶人应该有较大的注意范围,做到眼观六路、耳听八方,只有这样,才能把与交通安全有关的重要信息都反映到头脑中来,例如有经验的驾驶人不但能注意到近距离的交通信号、行人和障碍等,而且能注意到远距离的来车、道路情况和两侧的动态,达到前后左右一目了然的地步,而初学开车的驾驶人,注意的范围就比较窄了,观察前方时,总感到看不远,视野放不宽。注意到横穿马路的人,就忽视了远处的来车;注意到车前,又顾不上车后。所以经常导致紧张过度,措手不及,常常做出一些令人担惊受怕的危险动作,这些并不是因为注意力不集中,而是注意范围太窄了。

注意范围的变化受多种因素的影响,其中,道路状态(路面状态、交叉路口等),交通状态(如大量行人或车辆产生的交通拥挤)和环境条件(如从高速公路进入到一般公路或城市道路)的变化对驾驶人的注意范围产生较大的影响。

驾驶人这一职业要求有较大的注意范围,因此要求驾驶人必须控制好注意范围,将注意力控制在与当前道路交通活动相关的空间范围,保证驾车的安全性。

二、驾驶人扩大注意范围的途径

(一)影响注意广度的主客观因素

一个人的注意广度,可以因各种条件而变化。

首先,刺激物的特点会影响人的注意广度,如用速示器呈现的外文字母,颜色相同时,注意广度就大,颜色不同时,注意广度就小;排成一行时注意广度就大,杂乱无章分散排列时,注意广度就小;字母的大小相同时,注意广度就大,大小不同时,注意广度就小等。总之,注意的对象越集中,排列得越有规律,越能成为互相联系的整体,注意广度就越大。

其次,注意广度随着活动的任务和个人的知识经验不同而有所不同。例如,只要求知觉字母的数量就比要求指出哪个字母有错误时注意广度大。精通外文的人就比刚学外文的人阅读外文时的注意广度大。

驾驶人因年龄和经验的差别,注意广度有一定差距。如 35 岁以下的驾驶人的注意广度较 35 岁以上的好。

(二)驾驶人扩大注意范围的主要途径

1. 积累丰富的知识和经验基础

知识越渊博,经验越丰富,注意的范围就越大。例如,在驾驶车辆时,如果既能熟悉交通安全规则和安全章程,又能掌握安全出行的基本要领和经验,还懂得汽车结构原理和修理技术,那么驾驶人就能把与驾驶相关的孤立事物连接成一个整体来感知,这样一来注意的范围变大了。

2. 要细致地了解注意对象的特征

心理学研究表明,对排列整齐的事物比凌乱的事物注意范围更大,对大小相同的事物比大小不等的事物注意范围更大。总之,对注意范围更集中、整齐,越组合成为相互联系的整体,注意范围越大。

3. 改善路面状况,使设计更为合理科学

从上面的分析可以看出,注意对于安全驾驶来说是非常重要的一个品质,如果在驾驶中该集中注意力的时候不能集中,该分配注意的时候不能适当分配,该转移注意力的时候,转移不了,都会导致危险情况的发生。

首先,驾驶人要热爱自己的工作,对驾驶工作保持浓厚的兴趣,这样有利于集中和保持注意。兴趣有直接兴趣和间接兴趣之分。直接兴趣是由事物本身引起的兴趣。间接兴趣是由事物的结果引起的兴趣,有的人喜欢驾驶工作,有的人是为了找一份职业而从事驾驶工作,但是兴趣是可以培养激发和转化的。长期从事驾驶工作,过程本身是辛苦和单调的,容易产生职业倦怠,这就需要我们不断调整自身心态,不断激发和培养对驾驶工作的直接兴趣,达到注意的保持与集中。其次,要克服单调的环境带给我们的分散注意,善于从单调或缺少刺激的环境中发现新内容、新变化,以增强自己的注意。再次,要了解不同的交通参与者各自的不同特点,分析不同的人比如老人、小孩、上班族等人在不同的地点不同时间的心理状态,掌握他们的行动规律,使驾驶人自己的注意力可以集中地指向明确,减少信息处理的时间。做到适当休息劳逸结合,处于疲劳状态和生病时都会降低人的心理活动的集中,注意力容易分散,因此,驾驶人要注意劳逸结合,才能保持注意的持久。

检验评估

1. 什么是注意?

2. 注意有哪些类别?

3. 什么是驾驶人注意力缺乏?

4. 交通安全心理学主要研究哪些内容?

5. 什么是驾驶人集中注意力?

6. 什么是驾驶人转移注意力?

7. 简述注意的广度。

8. 驾驶人应该怎样分配注意力?

9. 简述驾驶人应具备的注意品质。

10. 如何提高驾驶人的注意力集中能力?

第五章　交通环境与交通安全的认知

学习目标

1. 了解交通环境对驾驶安全的影响。
2. 熟知路交通行人的心理特征。
3. 熟知非机动车交通行为与交通安全的关系。
4. 熟练掌握城市道路、夜间道路、雨雾天气、高速公路交通心理特性。
5. 熟练运用交通安全心理指导驾驶技能学习。

案例分析

2008年1月28日上午7时,因遭遇50年未遇的雪凝灾害,贵遵高速公路两侧积雪,路面湿滑。一辆载有40人(核载51人)的重庆籍大客车,从四川自贡市资中县驶往深圳市坂田,客车行至贵遵高速公路98km+900m(遵义市遵义县境内)施工路段时,由于客车以超过30km/h的车速行驶,在左侧变道时发生侧滑,方向失控,与道路中央隔离护栏相撞后,穿过对面街道,翻到公路左侧垂直高度约50m的陡崖下,造成25人死亡,14人受伤(其中2人重伤),直接经济损失达575万元。

客车驾驶人驾车进入路面湿滑、两侧有积雪,并设有30km/h限速标志的施工路段时,超速向左变道时客车与道路中央隔离护栏相撞,驾驶人未按操作规范安全驾驶,操作不当,导致车辆失控发生事故,对事故负有直接责任。

在交通环境复杂的情况下,驾驶人必须严格按照规定行驶,并且根据路况提前减速,提前采取措施,事故发生路段正在进行桥梁伸缩施工,车辆通行变为单双幅双向行驶,单幅宽度为10.25m,设有变道口,并在变道口1km处有限速30km/h的标志,30m处有"前方施工车辆慢行"的警示牌。客车驾驶人如果能够严格按限速规定行驶,提前减速至30km/h以下,再根据路面湿滑的情况缓慢转向进入变道口,就能安全通过施工路段。

气候条件与交通安全有着密切的关系,恶劣的天气容易造成交通事故,是导致高速公路交通事故、道路阻塞、财产损失的主要原因之一。驾驶人在恶劣的天气如何确保安全行驶,值得认真反思。

交通环境是作用于道路交通参与者的所有外界影响与力量的总和,包括道路状况、交通设施、地物地貌、气象条件以及其他交通参与者的交通活动。

交通环境是一个新概念,从定义上讲,它是规定和限定人们交通行动的各种外界或内在条件。这里用了"规定"和"限定"两个词说明驾驶人开车时的一切行动是由交通环境决定的,受交通环境的限制,决不能任凭自己随心所欲。可以这样说,绝大多数的交通事故都是由于驾驶人不适应交通环境而造成的,因此,作为驾驶人来说,了解自己与交通环境的关系、了解交通环境对自己驾驶行动的影响是十分重要的。

交通事故并不单是驾驶人因素所致,而是人为因素、环境因素以及人为因素和环境因素交互作用共同造成的。驾驶人会受到外部交通环境的影响。环境因素对驾驶人的思想情感和行为的复杂影响,不仅直接导致交通事故的发生,而且还会促使和加剧人为等其他因素对交通安全的影响。

第一节　交通环境对驾驶安全的影响

一、道路条件的影响

(一)道路环境与驾驶安全

道路环境是一种以道路为中心的物的环境,如道路构造,道路宽窄、路面质量(是水泥铺装还是柏油铺装)、车行道和人行道路是否分离、道路中心是否有分离带、道路平曲线和纵曲线特征以及路侧是否有建筑物和其他工作物等。这种交通环境之所以称为物的环境,是因为对驾驶人来说是用一种结构物来规定限制驾驶人的驾驶行动。比如作为快慢车道分离的水泥墩,人们用这种结构来规定或限制驾驶人的驾驶行动。

道路交通是一个复杂的动态系统。在整个系统中,人是整个系统的中枢,是唯一的自主变量,是主动和有意识的;路是整个系统的基础,是不可控的客观参量;路线决定了人的信息来源和车的行驶状态;车是完成运输功能的工具,是唯一的可控变量,可以通过人的控制来改变其状态。驾驶人从道路环境中获取信息,这种信息综合到驾驶人的大脑中,经判断形成动作指令,指令通过驾驶行为,使汽车在道路上产生相应的运动,运动后汽车的运行状态和道路环境的变化又作为新的信息反馈给驾驶人,如此循环往复,完成整个驾驶过程。

交通事故的发生是构成交通系统中的因素自身或相互作用失调而造成的,比如道路和环境提供给人的信息不足或人对道路、环境和车辆信息判断失误而造成事故,车辆自身性能不足遇到恶劣的道路条件时发生故障而造成事故,人的大意、疲劳驾驶也往往与单调的道路有一定的关系。因此在分析事故原因时,往往从人、车、路、环境四个方面入手。

对于道路系统的安全分析,一直是各国专家学者研究的热点之一,英国、美国和澳大利亚的专家经过对大量事故的深入研究得出结论(表5-1),在交通事故的原因中,与人有关的因素占93%~94%,与车有关的因素占8%~12%,与道路有关的因素占28%~34%,这些数据表明人是事故的关键原因。同时,也可以看出,虽然唯一由道路环境引发的交通事故所占的比例较小,但是与道路环境因素有关的交通事故所占的比例较高。

各因素对事故的影响程度(%)　　　　　　　　　　　　　表5-1

国家 原因	单纯路	单纯人	单纯车	路和人	人和车	路和车	人车路
美国	3	57	2	27	6	2	3
英国	2	65	2	24	4	2	1
澳大利亚	3	60	4	24	4	2	3

我国学者采用模糊识别法,曾通过计算黑龙江省的 3721 起事故,对以上七种事故原因的隶属程度,几个要素在道路交通事故中所占的比例,得到了与国外学者基本一致的结果。其中与道路条件因素有关的道路交通事故所占的比例,黑龙江省达到了 17.01%,不良道路条件在国内外交通事故都起到了重要作用。

来自欧洲的一项调查显示,70% 的事故是由于道路的缺陷所致。法国国家保险公司在详细研究了 1000 多起事故后得出结论,那些通常被视为驾驶人的错误所导致的事故背后,往往隐含着相当大比例的道路因素。

2007 年,我国专家课题组借鉴国际上交通安全系统分析矩阵的方法,对中国道路交通安全进行较为详尽探讨的基础上得出结论:表面上看,我们很多直接事故原因似乎是驾驶人的失误和操作不当造成的,可通过分析发现,道路因素引发事故的比例也相当大,至少 40% 以上的事故与困难及不舒适的道路条件相关,这些问题包括道路的安全设施不足、道路技术等级低及道路安全通行的条件差。

(二)影响交通安全的道路环境因素

影响安交通安全的道路环境因素中,主要包括路面、横断面、视距、道路线形、交叉口特点等。

1. 路面

路面状况与交通事故密切相关,为满足车辆安全运行的要求,从路面结构的力学特性以及设计方法的相似性出发,路面应该具有以下性能:强度和刚度性能、稳定性能、表面平整性能。

(1)路面强度是指路面整体对变形磨损和压碎的抵抗力,路面强度越高,耐久性越好,越能保证行车安全。即路面抵抗变形、磨损和压碎的能力越优,其使用耐久性好,越能保证行车安全及行车舒适。

(2)刚度性功能是指水泥混凝土路面,它具有较大的刚性与抗弯能力,是能直接承受分布荷载到路基的路面结构,承载能力取决于路面本身的结构,其内在质量对交通安全会有很大影响。

(3)路面稳定性是指路面强度不随气候、环境的变化而变化的能力。

(4)平整度是路表面相对于真正平面的竖向偏差,它是道路路基质量和路面质量的直接反映,平整度差的道路会加剧车辆磨损、增大燃油消耗、影响行车舒适性、降低行车速度、影响行车安全。汽车在与凹槽、凸起的道路上行驶,容易损坏轮胎和钢板,造成驾驶人和乘客心理紧张,也容易引发行车安全事故。

道路路面的磨阻系数直接影响车辆的行驶稳定性和车辆良好的制动性能。众所周知,汽车制动是靠轮胎与路面之间的摩擦来完成的,轮胎的花纹可以增加轮胎的摩擦阻力,提高车辆在路面上的附着系数,但是,摩擦阻力(制动力)不单取决于汽车附着系数,它还与路面材料的质地、湿度、清洁度和道路使用年限有关系。我国道路标准规定"各类道路的磨阻系数不小于 0.7",由于路面磨阻系数受多种因素影响,决定了它的易变性。据美国的调查资料显示,路面潮湿时的交通事故是干燥时的 2 倍,积雪时是干燥时的 5 倍,结冰时是干燥时的 8 倍。磨阻系数降低威胁交通安全,主要表现在两个方面:一是车辆制动时,路面湿滑使车辆失去控制;二是发生制动时,在预定距离内不能减速和停车。

2.视距

(1)视距是指在车辆正常行驶中,驾驶人从正常驾驶位置能连续看到公路前方行车道范围内路面上一定高度障碍物,或者看到公路前方交通设施、路面标线的最远距离。这里的距离是指沿车道中心线量得的长度。

(2)视距的种类。

①停车视距。是指车辆以一定速度行驶中,驾驶人自看到前方障碍物时起,至到达障碍物前安全停车止所需要的最短行驶距离。在停车视距检验时,小客车停车视距采用的驾驶人视点高度为1.2m,载重货车停车视距采用的驾驶人高度为2.0m,视点前方路面上障碍物顶点高度为0.10m。

②会车视距。在同一车道上对向行驶车辆,为避免发生迎面相撞,自车辆在行驶过程中发现对向来车起,至驾驶人采取合理的减速操作后两车安全停止、不发生相撞所需的最短行驶距离。参照国内、外的普遍做法,会车视距一般取停车视距的2倍。

③超车视距。在需要临时占用对向车道完成超车的公路上,后车超越前车的过程中,自开始驶离原车道起,至可见对向来车并能超车后安全驶回原车道所需的最短行驶距离。在超车视距检验时,小客车采用的驾驶人视点高度为1.2m,载重货车采用的驾驶人视点高度为2.0m,视点前方路面上障碍物顶点高度为0.60m,即对向车辆(小客车)的前灯高度。

3.道路线形

(1)道路平面线形与交通安全的关系分析。

道路线形是直线和曲线连接而成的三维空间形状。线形作为道路的骨架,其平、纵、横线形是永久性的设计要素。中线在水平面上的投影称为路线的平面,沿着中线竖直剖切,再展开后为纵断面,中线各点的法向切面为横断面。

公路的线形最终是以平面线形、纵断面线形及横断面形式组合而成的立体线形映入驾驶人眼帘的。驾驶人在驾驶车辆过程中所选定的实际行驶速度,是由他对三维立体线形的判断做出的,公路的立体线形除必须满足驾驶动力学要求的最小值外,还应满足驾驶人视觉心理方面连续、舒适的要求,反映公路线形好坏的关键是速度的连续性,它直接影响道路交通的安全。

通过对多起交通事故的分析,人们发现,公路线形几何要素的不合理以及各种不良的线形组合,均可能导致交通事故的发生。

常见道路线形包括:

①直线。

直线是道路线形的基本要素之一,具有测设简单、行车方向明确、路线短捷等优点,但是过长的直线段,易使驾驶人因景观单调而产生疲劳,注意力不集中,反应迟缓,一旦有突显信息出现,就会因措手不及而肇事。另外,驾驶人在长直路段爱开快车,致使车辆进入直线路段末段后的曲线部分速度仍较高,若遇到弯道超高不足,往往导致倾覆或其他类型的交通事故。从驾驶心理学的角度讲,过长的单一线形使人感到乏味,驱使人尽快通过该路段区域,从而引发高速驾驶,资料表明,当直线长度大于2000m时,发生交通事故的概率明显增大。日本、德国和西班牙都有关于直线最大长度的规定:日本和德国规定不超过20倍设计车速,西班牙规定不超过80%的设计速度的90%行程。

②平曲线。

平曲线即弯道,平曲线与交通事故的关系很大。据美国公路部门统计,在弯道上发生的事故约占全部事故的10%以上,特别是与陡坡和路面滑溜等情形加在一起时,发生在弯道上的事故要比直线上多。

在圆曲线上,由于横向力的存在,对汽车的安全行驶会产生不利影响。大半径曲线比小半径曲线的事故率低;连续曲线当半径协调时事故率比不协调时低。调查表明曲率越大,事故率越高;尤其是曲率在10以上时,事故率急剧增大。原因是曲率越大,汽车在运行中的转弯半径越小,视线盲区增大。

根据2002年美国死亡分析报告系统的统计,在美国公路上有42815人在38309次死亡事故中死亡,而其中25%的死亡事故发生在平曲线上,主要是两车道乡村公路上,并且平曲线路段发生死亡事故的概率是直线段的3倍。而与平曲线相关的死亡事故中的76%是单车事故,主要是车辆脱离道路,撞到固体物或翻车。

③竖曲线。

由于道路的凸形竖曲线半径过小时,会影响到驾驶人的视距,使其视野变小,此时驾驶人不易发现前方情况,容易发生碰撞。凸形竖曲线上的视距越短,则交通事故也越频繁。

(2)道路纵断面线形与交通安全。

通过道路中线的竖向剖面,称为纵断面,它主要反映路线起伏、纵坡与原地面的切割等情况,纵断面线形由平坡线、坡线及竖曲线三个几何要素组成。纵断面设计的一般要求为提供足够的视距、足够的排水坡度,保证行车平顺、安全及运营经济。

汽车沿陡坡行驶时,因克服上坡阻力需要增大牵引力,车速会逐渐降低,若上坡过长,将引起发动机熄火,若坡陡下行时,因制动距离比上坡长,且制动频繁,制动器容易发热而失效,易引起交通事故。为保证车辆能以适当的速度在道路上安全行驶,即上坡时顺利,下坡时不致发生危险,在道路设计时对纵坡长度及坡度设置限值。

以纵坡度为例,调查表明,在平原地区、丘陵地区和山区道路上,发生于坡道部分的交通事故分别占17%、18%和25%。分析坡道上交通事故率高的原因,主要是下坡时,驾驶人为节油常采取熄火滑行的操作方法,一旦遇到紧急情况来不及采取应急措施,此类事故约占坡道事故的24%,这样的事故案例不少。车辆下长坡时,由于重力作用,行驶速度过高,制动非安全区过长,频繁使用制动致使制动产生热衰减,遇有紧急情况不能及时停车,此种原因引起的事故占坡道事故的40%;车辆上坡行驶时,由于超越停放或后备功率较小的低速行驶车辆所造成的坡道事故占18%;由于其他原因引起的坡道事故占18%左右。

根据调查数据,平原、丘陵和山地这三种道路交通事故发生率分别为7%、18%和25%,主要原因是下坡制动太晚或紧急制动故障。

(3)线形组合协调与交通安全。

线形组合:行车安全性的大小与不同线形之间的组合是否协调有密切的关系,主要看线形组合坐标是否符合标准,如驾驶人驾驶汽车在平曲线上行驶,只需注意转向,不用考虑上操纵下坡;而在竖曲线上行驶,只需换挡位,使汽车获得更好的牵引力,这些都是驾驶时的单项操作,假如道路在平面纵面同时发生变化,驾驶人就同时照顾平、纵两面的操纵,驾驶人的操作就变得很复杂,再加上如果道路平纵面线形组合不当,往往导致驾驶人手忙脚乱,稍一疏忽,就会发生交通事故。

下列不良的线形组合往往是导致交通事故发生的重要原因:

①线形的骤变,如长直线的末端设置急转弯曲线,尤其是长下坡(大于1km)接小半径曲线是有危险倾向的设计,易造成车辆在不自觉的高速情况下驶入平曲线,事故隐患大为增加。

②在连续的高填方路段,如果没有良好的视线引导,驾驶人容易使车辆偏离车道中心线,可能使车冲出路面,酿成车祸。

③短直线介于两个弯曲的圆曲线之间,形成断背曲线,这样容易使驾驶人产生错觉,把线形看成反向曲线,从而发生操作错误,甚至酿成车祸。

④在直线路段的凹形纵断面上,驾驶人位于下坡时看到对面的上坡段,容易产生错觉,把上坡的坡度看得比实际的坡度大。这样驾驶人就有可能加速,以便冲上对面的上坡路段;同时,在下坡路段看上坡路段,驾驶人觉察不出自己是在下坡,因而有可能发生事故。

⑤在凸形竖曲线与凹形竖曲线的顶部或底部插入急转弯的平曲线,前者因为没有视线引导而必须急打转向盘;后者在超出汽车设计速度的地方仍然要急打转向盘,这些都是极易引起交通肇事的。美国人扬格在加利福尼亚的调查,凸形竖曲线上的视距越短,则交通事故也越频繁。在凸形竖曲线的顶部或凹形竖曲线的底部设置断背曲线,在前者情况下,视线失去诱导效果,在公路上行驶的车辆好像突入空中的感觉,而且因接近顶点才知道线形开始向相反的方向弯曲,易使驾驶人因紧张而操作转向盘失误。

⑥在平面曲线内,如果纵断面反复凹凸,每当产生这样的问题,即形成只能看见脚下和前面,而看不见中间凹陷的线形,这样的线形容易发生事故。

⑦转弯半径较小的平曲线与陡坡组合在一起时,则会使事故急剧增加。

⑧是否设置缓和曲线对于圆曲线上安全特性有着较为显著的影响,未设缓和曲线的圆曲线,事故数显著地高于设置了缓和曲线的圆曲线段。

⑨纵坡长度过短,出现锯齿形纵断面,这种地形使行车频繁颠簸,甚至可能产生颠簸的叠加与共振,危及安全。视觉上,这种地形使驾驶人有路线不连续、坡长越来越小、线形破碎的感觉。坡长过大,下坡时使得车辆速度渐增,也不利于安全。

4. 交叉口特性

道路交叉是指不同方向的道路相交的部位,不同方向的道路过交叉口相互连接起来,构成道路网络。道路交叉口作为道路网的重要枢纽点,是不同方向道路上的车流、人流汇集的地方。在该处,由于车辆与车辆之间、车辆与横过道路行人之间的相互干扰,降低行车速度,容易造成交通阻塞,同时因车辆之间、车辆与行人之间抢行而导致交通事故的发生。

道路交叉按照道路相交状态的不同分为平面交叉和立体交叉。

在平面交叉口处,由于多个不同方向的交通流汇入,致使交通量大幅增加,而且由于驾驶人和行人在"抢行心理"的作用下,使得各方向交通流存在许多可能导致事故发生的潜在冲突点,在平面交叉口处,驾驶人在观察交汇道路时,其视线常常受到路旁建筑物或前进大型车辆的阻挡等而受影响,形成视盲区。这些原因都可导致交通事故的发生。据统计,车辆通过信号交叉口的时间延误约占全程时间的31%,发生在交叉路口的事故占道路总事故的

35% ~59% ,因此可以说交叉路口是道路交通的咽喉,同时平面交叉口规模的不同,发生交通事故的形态也不同。在规模较小的交叉口,车辆之间的事故占 73% ,人车之间的事故占 27% 。

立体交叉是利用跨线构造,致使道路与道路(或铁路)在不同高程相互交叉的连接方式。采用立体交叉可使各方向车流在不同高程的平面行驶,消除或减少了冲突点,车流可连续运行,减少对高速道路的影响,但是据调查,立体交叉的事故率较高。立体交叉影响交通安全的主要因素包括立交类型与布局、立交间距、匝道曲线等。

二、影响安全驾驶的车辆环境因素

(一)车辆环境因素

车辆是道路交通系统的重要元素。其中,汽车是道路交通中最主要的机动车辆,在交通事故影响因素中,直接因汽车故障引起的事故不超过 10% 。汽车性能的不断完善,可以预防或弥补驾驶人操作上的失误,从而减少交通事故的发生,降低交通事故的伤害程度,车辆环境是一种物的环境,对保障交通畅通、提高道路交通通行能力有极其重要的意义。

其中,汽车的制动和转向是影响安全驾驶最为重要的车辆因素,其他诸如开车时光线明暗、气候冷暖、车内是否噪声严重,驾驶室座位是否舒适、安全,也是安全行车的不可忽视的交通环境,因为车内光线、车内外气候和驾驶室座位等都直接对驾驶人的驾驶行动起作用。

(二)影响安全驾驶的车辆环境因素

1.汽车的动力性能

汽车的动力性能是指汽车所具有的牵引能力,即指决定汽车加速、爬坡和最大速度的性能,汽车的动力性越好,速度就越高,所能克服的行驶阻力就越大,这是汽车最基本、最重要的一项性能。

通常衡量汽车动力的指标有三项:最高车速、加速时间及汽车能爬上的最大坡度。

最高车速是指在水平良好路面上汽车能达到的最高速度,客车一般是 90 ~130km/h。

加速时间包括起步加速时间和定速加速时间,起步加速时间是指由停止状态起步的最大加速,定速时间是指从某一速度开始全力加速至某一高速所需的时间。

汽车能爬上的最大坡度,用满载或者一部分负载的汽车在良好路面上的最大爬坡度表示。

在这三个指标中,汽车的最大车速和爬坡能力直接影响汽车的"持续车速",在高速公路上行驶的汽车应具有符合规定的持续车速,否则将干扰正常的车流,极易诱发交通事故。另外,加速能力直接关系到汽车超车时的并行时间,并行时间太长也易诱发交通事故。

2.汽车的操纵稳定性

汽车的操纵稳定性是操纵性和稳定性的统称。其中,汽车的操纵性能是指正确地按驾驶人的要求,维持或改变原行车方向的能力;汽车的稳定性,是指汽车在行驶过程中,经受各种外部干扰后尚能自行尽快恢复原行驶状态,而不致失去控制甚至侧翻或侧滑等现象的能力。所以,操纵性的丧失将导致汽车驾驶人无法按照其意图操控车辆,稳定性的丧失往往使汽车发生侧滑或跑偏,甚至翻车。

汽车的操纵稳定性差,就不能准确响应驾驶人的"转向指令",而且在汽车受外界干扰后难以迅速恢复原来的行驶状态。操纵稳定性差可能引起汽车摆头、转向沉重、转向甩尾、高速发飘、斜行、不能自动回正等现象,使汽车行驶的安全性变差,极易出现交通事故,严重影响交通安全。操纵稳定性好的车应该在驾驶人的掌握之中,驾驶人行驶起来得心应手,完全遵从驾驶人的操纵意愿,且操纵起来并不费力费神。即使偶尔有外界干扰,例如横向风、不平路面等,应该能维持原来的行驶方向安全驾驶。

3. 汽车的制动性

汽车行驶时,能在短距离内停车且维持行驶方向稳定性和下长坡时能维持一定车速的能力,称为汽车的制动性。汽车的制动性是汽车的主要性能之一,在车辆安全检验和交通事故中,制动性是重要的检测与分析内容,它直接关系到交通安全,重大交通事故往往与制动距离太长、紧急制动时发生侧滑等情况有关。因此具有良好的制动性能,是汽车安全行驶的重要保证。

资料统计表明,重大交通事故中,隐制动距离太长或紧急制动时侧滑失控等情况而产生的占40%～50%。只有良好的制动性才能保证在安全行车的条件下提高行车速度,获得较高的运输效率。

汽车制动性能的评价包括:

(1)制动效能,即制动距离或者制动减速运动。制动距离最直接影响行车安全,是人们最关心的指标。但是,制动距离受车速影响,也受道路条件、驾驶人反应灵敏程度等非汽车本身结构因素的影响。检测汽车制动距离和制动减速度需要较高的道路条件,检测效率较低,很难适应大量汽车的检测。制动减速度是由地面制动力产生的,故可以利用车轮的地面制动力来计算出汽车的减速度,即可以用制动力的检测来代替汽车制动减速度的测量。

(2)制动效能的恒定性。主要检查连续制动后,汽车制动效能下降的程度,这对连续下坡的汽车的安全也很重要。

(3)制动时的方向稳定性。这是指制动时汽车不能跑偏、侧滑及失去转向的能力。

以上三个方面对汽车行驶安全有影响,是汽车制动性能的重要指标,其中制动效能的影响是最经常、最重要的。随着道路的改善,汽车动力性能的提高,制动跑偏、侧滑对安全的影响也十分突出,因此方向稳定性也是一个必须保证的重要指标。新型的轿车制动系统要求在制动时不抱死跑偏,其制动系装有车轮制动自动防抱死装置,可在保证一定制动效能的前提下紧急制动而不会侧滑,并且驾驶人还有一定的转向控制能力。

4. 汽车主动安全技术

汽车主动安全技术是指为使汽车安全行驶尽可能避免道路交通事故发生而采取的技术措施,如防抱死制动系统、电子制动力分配系统等,其目的是将汽车的轮胎悬架、制动和转向的性能达到最优,尽量提高汽车行驶的稳定性和舒服性,减少行车时的偏差。

(1)制动防抱死系统(简称 ABS)。

是在制动过程中防止车轮被制动抱死、提高汽车的转向稳定性和转向操纵能力、缩短制动距离的安全装置,改装备具有如下优点:制动力系数大、地面制动力大、制动距离短,侧向力系数大,地面可作用于车轮的侧向力大,方向稳定性好。由于车轮不抱死,防止了轮胎磨损。

（2）电子制动力分配系统（简称 EBS）和制动辅助系统。

汽车在制动时，两轴汽车四个轮胎附着地面条件往往不一样。例如，有时左前轮和右后轮附着在干燥的水泥地面上，而右前轮和左后轮却附着在水中或泥水中，这种情况会导致汽车制动时四个车轮获得地面制动力不一样，制动时容易产生打滑、倾斜和车辆侧翻事故。

EBS 就是在 ABS 基础上平衡每个车轮的有效制动力，缩短制动距离，改善制动平衡，避免打滑、倾斜和侧翻事故的发生。

5. 汽车被动安全技术

（1）概述。

汽车被动安全技术是指汽车在行驶过程中当交通事故不可避免要发生时，为尽可能减轻事故伤害和货物受损而采取的技术措施，如防碰撞汽车结构的安全设计、安全带、安全气囊等。

交通事故中，大部分人身伤害都是因为人体受外力所致。人体对外力的冲击有一定的承受能力，当外力超过一定的限度时，人体便会受到伤害。设计汽车的安全结构时，应该了解人体的耐冲击性，使设计的结构在发生交通事故时，最大限度地保障人体不受伤害。被动安全装置不能防止或避免事故的发生，但是可以在事故发生时最大限度地减轻人身伤害程度。

被动安全是指汽车在发生事故以后对车内乘员的保护，如今这一保护的概念已经延伸到车内外所有的人甚至物体。由于国际汽车界对于被动安全已经有着非常详细的测试细节的规定，所以在某种程度上，被动安全是可以量化的。

被动安全装置，则是在车祸意外发生，车辆已经失控的状况之下，对于乘坐人员进行被动的保护作用，希望透过固定装置，让车室内的乘员固定在安全的位置，并利用结构上的导引与溃缩，尽量吸收撞击的力量，确保车室内乘员的安全。

（2）种类。

①设备派。

现代汽车工业的最新进展之一，就是大量的新电子设备被有效地运用到了汽车安全系统中。以智能安全气囊为例，在普通气囊的基础上增加了传感器，可以探测出座椅上的乘员是儿童还是成年人，他们系好的安全带以及所处的位置是怎样的高度。通过采集这些数据，由电子计算机软件分析和处理控制安全气囊的膨胀，使其发挥最佳作用，避免安全气囊出现无必要的膨胀，从而极大地提高其安全作用。传统上，气囊只能对车内乘员起保护作用，最新的汽车将更加注重人、车与环境的融合，因此对行人的安全保护也将成为汽车设计者考虑的因素之一。有专家指出，未来的气囊可能会在保险杠上方沿着发动机罩的外形展开，在碰撞中能够为中、高身材的成年行人提供腹部和臀部保护，同时为儿童和矮小身材的成年人提供头部和胸部保护。

②软防护派。

以日本的丰田等汽车公司以安全碰撞试验为依据，强调的是安全设计的重要，也就是不少汽车爱好者所说的"软防护派"。在这一思路的指导下，发生碰撞事故时车内乘员的保护主要通过车体结构的溃缩实现，通过预先设定的褶皱永久变形，能够吸收大部分外力冲击。

考虑到汽车的轻量化设计潮流,"软防护派"确实显得很经济,但基于标准化的碰撞实验结果,其实并不能够涵盖一切突发的车辆事故,所以在极端的事故中这些车辆的安全性还是有待进一步研究。

③硬防护派。

从人们的直观印象来说,车身钢板越厚越硬、车室结构越坚固,在发生事故时变形量也就会越小,安全性自然更高。的确,同样尺寸的车在互相的碰撞中,"体重"往往具有优势。在不少消费者心目中,以德国车为代表的欧洲车是"硬防护派"的代表。欧洲车的造车理念与注重成本控制的日、韩系车不同,大量采用整块钢板一体冲压成型的部件,并安装侧门双防撞板,其强度与焊接门不可同日而语,因此不少极端条件下的事故中,"硬防护派"车可能表现出实验室里无法测试出的牢固度,这其中当然有偶然的成分,也有那些百年老厂的经验与智慧的因素在其中。

值得注意的是,软与硬的两派一直在互相靠拢,两者的分歧也越来越小。

(3)相关设施。

①安全玻璃。

安全玻璃是将钢化玻璃与夹层玻璃相结合。钢化玻璃破碎时分裂成许多无锐边的小块,不易伤人。夹层玻璃共有3层,中间层韧性强并有黏合作用,被撞击破坏时内层和外层仍黏附在中间层上,不易伤人。

②安全带。

当汽车发生碰撞事故的一瞬间,乘员尚未向前移动时,安全带会首先拉紧织带,立即将乘员紧紧地绑在座椅上,然后锁止织带,防止乘员身体前倾,有效保护其安全。

(4)保护系统。

保护系统一般设置于前排座椅。当轿车受到后部的撞击时,头颈保护系统会迅速充气膨胀起来,其整个靠背都会随乘坐者一起后倾,乘坐者的整个背部和靠背安稳地贴近在一起,靠背则会后倾,以最大限度地降低头部向前甩的力量,座椅的椅背和头枕会向后水平移动,使身体的上部和头部得到轻柔、均衡的支撑与保护,以减轻脊椎和颈部所承受的冲击力,并防止头部向后甩所带来的伤害。

①安全座椅。

根据儿童情况而设计,可以有效地减少婴幼儿受到的伤害,这一点通过多年的实践已经得到证实。儿童安全座椅是非常重要的被动安全措施。

②安全气囊。

分布在车内前方(正副驾驶位)、侧方(车内前排和后排)及车顶三个方向。在装有安全气囊系统的容器外部都印有 Supplemental Inflatable Restraint System(简称 SRS)的字样,直译成中文,应为"辅助可充气约束系统"。旨在减轻汽车碰撞后乘员因惯性发生二次碰撞时的伤害程度。

设计优良的车身结构是被动安全的主要课题。有研究表明,在道路交通事故中,绝大部分的碰撞能量被车身所吸收。安全车身的表现形式是车室结构坚固,在发生事故时变形量极小,充分保证内部乘员的生存空间;同时,车身前后能在碰撞时变形以吸收能量,减轻乘员受到的冲击,GOA 是世界顶级水平的安全设计的缩写。它是丰田公司的设计专利。位于车前后的可溃缩车体,不仅能应对撞击事故,还能全方位加强座舱防护,缓和二次撞击,有利于驾驶人脱身或被救。

当车身吸收了大部分冲击动能后,仍有一部分能量需要车内的安全气囊和安全带来化解。其中,安全带是最关键的,因为如果不佩戴安全带,安全气囊就不能很好地发挥保护作用,甚至还会对乘员造成伤害。最新的安全带增加了预紧装置和限力保护措施,即当传感元件探测到碰撞发生时,预紧器通过爆破能量(比安全气囊的爆破能量小很多,因此后文中把安全气囊当作唯一先释放能量的装置)把安全带收紧,使安全带的吸能时间和距离得到延长。限力保护是在乘员受到压迫极限的时候适当放松安全带,避免不必要的伤害发生。

三、交通条件的影响

交通条件的影响包括交通流状态、交通组成以及车流速度等。

(一)交通流状态与交通安全的关系

交通流是指汽车在道路上连续行驶形成的车流,广义上还包括其他车辆的车流和人流。在某段时间内,在不受横向交叉影响的路段上,交通流呈连续流状态;在遇到路口信号灯管制时,呈断续流状态。主要由以下三个参数来描述:

交通流量,又称交通量,表示交通流在单位时间内通过道路指定断面的车辆数量,单位是辆/h 或辆/d。

交通流速度,简称流速,表示交通流流动的快慢,单位是 m/s 或 km/h。

交通流密度,表示交通流的疏密程度,即道路单位长度上含有车辆的数量,单位是辆/km。

三个参数之间的关系是:交通流量为交通流速度和交通流密度的乘积。道路上车辆很少时,驾驶人可选择较高速度,这时交通流速度较大,但因交通流密度小,所以交通流量也比较小。随着路上的车辆增多,交通流密度增大,车辆的行驶速度虽受到前后车辆的约束而有所下降,流速降低,但交通流量还是增加,直到某一种条件下,流速和密度的乘积达到最大值,即交通流量为最大时为止。这时的流速称为最佳速度,密度称为最佳密度。如果路上车辆再增加,密度继续增大,流速继续下降,尽管密度较大,但因流速较小,所以流量反而下降,直到密度为最大值(这时称之为拥堵密度),造成道路阻塞,车辆无法行驶,流速等于零,交通流量也等于零为止。

交通流从自由到阻塞是一个非常复杂的状态过程,大致可以分为自由流、非自由流及阻塞三个阶段,其中非自由流可以分为稳定流、不稳定流及饱和流,不同的交通流状态下,对应不同的交通安全水平。交通流处于自由状态或稳定流状态前期时,其交通安全水平和道路服务水平较高;随着饱和度增大,交通流进入稳定流后期,超车危险性越来越大,行车安全性较差,事故率迅速增长,在接近饱和交通流状态以前达到最高峰,交通流处于阻塞状态,车辆的轨迹、行驶自由度完全被限制,没有任何超车机会,车速缓慢,事故率迅速降低。

从驾驶人的角度而言,交通畅通,驾驶人心态良好情绪稳定;而拥堵更容易让驾驶人的情绪变得急躁而不稳定,这样更容易引发交通事故。

（二）交通组成与交通安全

1. 混合式交通概述

我国道路交通组成比较复杂，除了高速公路、一级公路以及一些城市市区主干道较好地实行了人车分离、机非分离外，其余绝大多数道路上的交通流均呈现混合交通的特点。混合交通是指车辆与行人或者机动车与非机动车在同一道路上混合通行的交通状态，另外，性能悬殊较大的机动车在同一道路上混合通行的交通状态也属于混合交通。

混合式交通对出行效率和安全带来极大的影响。相关资料表明，在混合交通环境下发生交通事故的数量为事故量的55%左右。混合交通也是导致死亡事故的重要根源，2014年我国道路交通事故死亡人员中，步行者、摩托车驾驶人、拖拉机驾驶人、非机动车驾驶人占总死亡人数的22.2%。

2. 混合式交通对交通安全的主要影响

冲突是导致道路交通事故发生的主要原因，频繁的冲突不仅影响车辆的行驶速度，造成频繁减速和停车，同时还加剧驾驶人的神经紧张和疲劳程度，严重的冲突和事故更会直接威胁到出行者的人身安全。混合交通的存在导致交通冲突大量增加，由于不同交通方式的运行速度差大，行人非机动车路径的不规则性等直接加大了冲突概率。

一方面，在机非混行的道路上，机动车与非机动车在有限的空间中同向行驶，由于二者的运行速度、动力性能、稳定性差异大，导致了冲突的形成；另一方面，当机动车在路边停车占用非机动车行驶路径，非机动车流向机动车流"挤压"，增大了机非冲突的概率。相比机非冲突，人机冲突冲突更严重，行人过街路径垂直于机动车流，导致"截断"车流的结果，即使在有人行横道和信号灯控制路段，如果有行人违规穿行车道，也会影响到行人和驾驶人的安全。

在交叉路口，混合车流对交通安全影响更大。据资料统计，美国平面交叉路口事故数占总事故的33%左右，德国城市道路交通事故的60%～80%发生在平面交叉路口。我国城市交通事故的抽样统计表明，发生在交叉路口的事故约为30%，交叉路口事故多发的根本原因是大量冲突的集中聚合，以最基本的十字交叉路口为例，含交叉冲突点16个，分流合流冲突点8个，总计共24个冲突点。当车道数增加到双车道时，冲突点数激增到52个。若加入非机动车和行人的影响，冲突点数将增加得更快。不仅如此，冲突点的密度比起其数量更加值得重视，在无信号灯或只有简单信号灯控制的路口，可能产生三向或更多向的车流死锁，由此造成的长时间延误比一般的冲突后果更加严重。

四、管理条件的影响

如交通安全设施、交通信号、交通标线和路面交通标示等，这些看起来是物的环境，但往往是人们赋予它一定的意义后才被称为交通环境而对交通起作用。比如，在道路中心划的黄线本来是由无任何约束力的物质（油漆涂料）所构成，但人们通过交通法赋予这条黄线起交通分离作用的意义后，驾驶人才认识到压黄线是一种违法行为。又比如交通信号灯的红灯，本来是一种无任何约束的灯光，但根据交通法规定它是一种禁行信号（对于右转弯车辆，在不妨碍直行车辆通行的情况下可以通行），这时的红灯才对交通起作用。因此，这一类的交通环境称为意义性交通环境。作为意义性交通环境的交通安全设施、交通信号、交通标志和路面交通标示等,它们本身处于静态交通环境。

五、气候条件的影响

不良的气候条件可能降低轮胎与路面的摩擦力,影响驾驶人视距,增加驾驶人紧张感,降低交通安全性。不良天气主要指雨天、雾天、冰雪天等。在这些不利气候条件下,交通安全受到严重威胁。据 2010 年道路交通事故统计年报统计,全国涉及人员伤亡的高速公路交通事故 9700 起,造成 6300 人死亡,13739 人受伤,直接财产损失达 3.16 亿,其中因雨天、雾天、雪天等不利气候因素造成的事故为 2125 起,约占事故总数的 22%,按不利气候对高速公路交通安全的影响程度划分,影响最大的是大雾天气,其次是冰雪、暴雨等。

(一)大雾天气对交通安全的影响

1. 交通安全的影响

大雾天气对交通安全的影响包括:

(1)降低能见度。由于雾是由大量悬浮在空气中小水滴组成的,这些聚集的小水滴会阻挡驾驶人的视线,对光线具有散射和吸收作用,使得能见度降低,在这种条件下行车,驾驶人看不清前方的车辆和周围的情况,对车速和车距判断失误,对道路交通设施的识别产生困难,很容易与前方车辆发生追尾。

(2)造成驾驶人心理紧张。驾驶人进入有雾的路段,一般都会产生不同程度的心理压力,精神会高度集中。根据有关调查,在大雾天气行车,有 70% 左右的驾驶人会高度紧张;85% 左右的驾驶员会因精神高度集中而感到疲劳和注意力分散。

(3)降低路面附着系数。由于雾中的水滴与空气的积灰、尘土混合,会在路面形成一层水膜,导致轮胎与路面的附着系数降低。

据统计,几乎有雾的时间都有交通事故发生。

2. 雾引发的交通事故的特点

由于生理条件的限制,驾驶人很难感知大雾的严重程度。由于地理气候条件的差异,不同路段大雾的能见度不同,驾驶人很难根据各路段不同的能见距离及时调整车速和车间距,在大雾情况下,可视距离会远远小于绝对安全距离,一旦发生追尾相撞,容易引发多次追尾和二次事故。

(二)雨天对交通安全的影响

1. 雨天对行车安全的影响

首先是能见度降低。在小雨状态时对道路能见度的影响较小,而在大雨状态时其对能见度的影响较为明显,车辆在高速行驶中,天空降下的雨水和后方的车而导致飞溅起来的水花,附在风窗玻璃上,驾驶人只能看清雨刷扫过的那部分,同时湿气在风窗玻璃上蒙上薄雾,而使得前后窗模糊不清,这些情况直接影响到驾驶人无法正确判断前方车辆行车趋势和障碍物之间的距离而导致交通事故。由于雨雾思维产生会使驾驶人对周围的路况信息产生模糊的认识,同时也会对附近路段的交通标志的识别产生影响。

其次是路面附着系数降低,雨天路面淋湿后,在表面形成一层水膜,大大降低路面与轮胎的附着。见表5-2所示。

不同降雨条件下的附着系数
表5-2

天气	对路面附着系数	天气	对路面附着系数
小雨	0.62	中雨	0.53
大雨	0.39		

雨天发生交通事故时,一般是由于路滑,不好控制速度,归根究底就是路面抗滑系数降低。根据事故现场调查发现,雨后,交通事故的数量明显增加,一方面是因为路滑,另一方面是因为驾驶人没有改变驾驶习惯。交通公路研究所调查得知,当路面抗滑系数小于35时,交通事故急剧增长。

2. 天引发交通事故的类型

(1)撞击路侧安全设施或行人。雨天环境下,驾驶人的视野受到刮水器运动范围的限制,前风窗玻璃和侧后视镜附着雨水影响驾驶人清晰观察路侧环境,使其不能及时发现障碍物而引发碰撞事故。在交叉口,车辆左转时,驾驶人容易忽略前照灯照射范围外人行横道上的行人,也可能诱发事故。

(2)追尾事故。雨天时,因路面潮湿,与干燥的路面相比制动距离更长,因此尾随前车的后车若以同晴天一样的跟车距离,遇到意外突然停车时,容易发生追尾事故。

(3)正面碰撞。由于车轮和路面的摩擦系数降低,车辆轮胎的横向摩擦力减小,在弯道处,由于离心力的作用,导致车辆产生滑移与对向车道上的车辆发生正面碰撞。

(三)冰雪天气对交通安全的影响

冰雪天气给人们的出行带来了极大的不便,积雪和低温易导致车辆零件冰冻,引发故障,使车辆控制难度增大;积雪和冰冻严重危害桥梁等结构物,给交通安全带来隐患;冰雪降低公路的通行能力,当冰雪达到一定的厚度时,可阻碍车辆通行,严重时甚至发生雪崩、雪阻,使交通完全中断,飘雪导致能见度降低,最后雪花会覆盖交通标志,使交通标志失去作用。

冰雪对交通安全的影响表现在两个方面:

首先表现在附着力的降低,从表5-3可以看出,在冰雪天气,轮胎与路面的附着系数仅为正常干燥路面的附着系数的$1/7 \sim 1/3$,路面附着系数减小越多,车辆制动距离将变得越长,对行车安全造成极大威胁,冰雪还会使汽车转向及制动的稳定性下降、操纵困难。当汽车在转弯和制动时,极易产生侧滑,导致交通事故。据国外统计资料,下雪时高速公路交通事故是干燥路面的5倍,而结冰时的交通事故的发生率是干燥路面的8倍。

不同路面的附着系数
表5-3

路 面 类 型	路面附着系数	路 面 类 型	路面附着系数
干燥沥青混凝土路面	0.6	干燥水泥混凝土路面	0.7
雪压紧的路面	0.2	结冰路面	0.1

其次,影响驾驶人的视线,冰雪天气下行车时,驾驶人视线会受到雪花的影响,导致可视距离降低,雪后返晴,阳光反射强烈,驾驶人的视力下降,在长时间强光反射刺激下,容易造

成驾驶人双目疼痛、流泪和视力模糊。

第二节 行人心理与交通安全

一、儿童交通行为分析

(一)少年儿童的心理特征

按照瑞士儿童心理学家皮亚杰的理论,2~7岁的儿童处于前运算阶段,思维具有片面性和我向思维,有集中于某一事物而忽视其他方面的倾向。著名的守恒试验中,这个阶段的儿童,面对装在不同的杯子中的同样多的液体,大多数不能做出准确的判断;我向思维也称自我中心,这个时期的儿童倾向于从自己的角度看待事物和进行思考,也就是认为别人的思考和运作方式与自己的思考完全一致,还没有意识到别人可以有和自己完全不同的思考方式。7~11岁称为前运算阶段,这个时期的儿童开始克服片面性而注意到事物的各个方面,发展了了解他人的能力。11岁以后,皮亚杰称之为形式运算阶段,这个阶段的特征是抽象思维的发展和完善,知道事物的发生有多种可能性,他们的思维也具有更大的弹性和复杂性。进入青春期,身体开始快速发育,思维能力和智商等开始突飞猛进的发展,但是这个时期也是情绪波动大、内心充满冲突的年龄。

(二)少年儿童交通行为特征

(1)儿童穿越公路时,不懂得观察和确认是否安全。在没有确认安全的情况下横穿道路是儿童行为的一大特征。成人在穿越道路时,注意观察和确认穿越时间的安全并不困难,但儿童却很难做到,需要随着年龄和智力的增长逐渐学习。研究表明,1~4岁的儿童中,经常有60%的人在没有证实安全的情况下横穿马路,5~8岁的儿童有30%左右。一般儿童到9~12岁,才能基本达到和成人一样,能够对道路交通情况进行很好的观察和判断。12岁以后进入青春期,虽然智力和判断力观察力接近成人,但是青春期的少年情绪不稳定,有时会伴有有一些故意挑衅的行为,所以穿越公路时(特别是群体穿越),他们会沉浸在自己的一种状态中,对危险依然存在判断不足的状况。

(2)儿童经常跑步过马路。在穿越道路时,儿童的心理负担比成人大,往往急于到达道路的另一侧而跑步穿越,这是很危险的,因为驾驶人很难预料步行中的儿童会在什么时候突然跑起来,如果机动车驾驶人对此没有思想准备,就可能因为来不及避让而发生危险情况。

(3)有成人带领时,儿童对成人有依赖性,认为有成人保护可以任意行动,如果成人忽略对儿童的照管,则容易造成交通事故,儿童和大人横穿公路时,违反交通法规的比例明显增加。由大人带领儿童横穿道路不走人行横道和违反交通信号的比例较儿童单独行走时要高。

(4)儿童身体矮小,眼睛距地面高度低,视野比成人狭窄,对交通状况的观察受到限制;而且,儿童的目标小,不容易被驾驶人发现,特别是儿童前面有大人或障碍物时,儿童难以看见交通状况,驾驶人也难以发现儿童,这对儿童的交通安全是不利的。

(5)儿童经常在道路上玩耍。儿童和成年人有时使用道路的形式不同,成年人都是为了达到道路的另一边时才会去穿越公路,而儿童却经常把道路当作可玩耍的地方,特别是在较偏僻的路段。经调查分析,美国被机动车撞的5~10岁儿童中有8.6%是在公路上玩耍时发生事故的。

二、青年人交通行为分析

(一)青年人的心理特征

青年期由于大脑机能的不断增强,生活空间的不断扩大,社会实践活动的不断增多,其认知能力获得了长足发展。这个时期,他们的感觉、知觉灵敏,记忆力、思维能力不断增强,逻辑抽象思维能力逐步占据主导地位,通过分析、综合、抽象、概括、推理、判断来反映事物的关系和内在联系,并从一般的逻辑思维向辩证思维过渡,更多地利用理论思维,而且思维的独立性、批判性、创造性都有显著的提高。青年人已经开始用批判的眼光来看待周围事物,有独到见解,喜欢质疑和争论。

(二)青年人交通行为分析

一般认为青年人身体和心理的发育接近成熟,情绪自控能力和认知较少年儿童有了较大的发展,因此他们在处理信息时比较客观和冷静,能够对交通道路情况进行较好的判断,能够及时进行避让。但是在横穿马路时他们的耐心程度依然不够,因为过于相信自己的身体速度和大脑的判断,会出现一些违章行为,比如闯红绿灯等。

三、中年人交通行为分析

(一)中年人的心理特征

按照发展心理学的观点,一般将40~65岁的阶段定义为中年。在中年期中,身体变化在持续,但是比较缓慢,中年人的力量、协调性、体能逐渐下降,动作开始变慢;人到中年,感知觉方面开始表现出明显的变化,眼睛的聚焦能力减弱,许多人要戴老花镜,听力在中年期也在降低,尤其是对较高频率的声音,味觉的敏感性也在下降。但是中年人的思维活动却在更加综合的层次上进行,解决实际问题的能力在不断提升。

在实际生活中,中年人面临巨大的工作生活压力,加上更年期的影响,情绪有一定的波动性。

(二)中年人交通行为分析

中年人在身体和心理开始慢慢老化,身体机能有所下降,器官没有完全老化,听觉和视觉都还比较好。在思维方面,综合的分析和判断能力较好,因此正常情况下中年人可以准确地判断车的速度和距离,一般在横穿公路时能够正确处理,等待红绿灯时也更耐心。但是因为中年人生活工作压力较大,很多时候可能因此而影响中年人过马路时的状态。

四、老年人交通行为分析

(一)老年人的心理特征

一般将 65 岁以后的人定义为老年人。随着年龄增大,身体机能进一步衰退,衰老开始的时间因人而异,并主要表现在以下几个方面:在感觉方面,视力开始出现比较严重的问题,他们对亮光特别敏感,颜色和深度知觉出现问题,多数人会患白内障,可能导致失明;听觉丧失是老年人极其常见的现象,他们对高频声音不敏感,因此较难听清别人说话;在身体机能方面,力气不如从前,耐力和负重力急剧下降;在认知和智力方面,老年人信息处理的时间长,行动缓慢。

(二)老年人的交通行为特征

老年人生理机能衰退,感觉和行为都显得迟钝,发现和躲避车的能力下降,对机动车的速度和距离判断误差大,有时因判断不清而与机动车辆争道抢行。交通安全意识低,往往认为老年人应该受到照顾,汽车应该停下来让老年人先走。老年人喜欢穿深色衣服,在夜间或傍晚时,不易被发现。老年人在横穿道路时,会突然折转,这种情况很危险,常使驾驶人措手不及而造成交通事故。

据统计,老年人死于交通事故的,大多发生在横穿公路时;虽然老年人有以上缺点,但老年人比较谨慎,乱穿道路的行为不多。日本的一项分析表明,55 岁以上的中老年人,在人行横道上等待的时间平均为 29s,比 13~19 岁的少年等的时间长,并且等待时比较有耐心。

五、残疾人交通行为分析

(一)残疾人心理特点分析

到 2014 年,我国有 8500 万残疾人,其中包括:2800 多万听力残疾人,1320 多万智力残疾人,1000 多万肢体残疾人,1000 多万视力残疾人,300 多万精神残疾人,近 100 万多重残疾人。

多数残疾人孤独、自卑、敏感,情绪反应强且不稳定。如聋哑人情绪反应强烈,多表现于外,容易与人发生冲突;盲人情绪反应多隐藏于内心,虽然情感体验很强烈,但是不一定表现出来;肢体残疾者的性格特点主要表现为倔强和自我克制;至于智残患者,他们整个心理水平都是低下的,因此不能形成一个完整的性格,特别是严重智残者,只能更多地由生物本能来支配其行为。残疾人不同的缺陷会影响到他们的认知能力和认知方式。比如盲人因为没有视觉形象,因此他们爱思考善思考,抽象和逻辑思维比较发达;聋哑人和盲人刚好相反,特别是先天性耳聋的人,他们的视觉十分敏锐,形象思维很发达,但是抽象和逻辑思维就弱一些;行为和人格偏离的智残患者,情绪的自我调节和控制能力更差。

(二)残疾人交通行为分析

盲人人过马路时多数比较小心,因为视力障碍,而且动作缓慢;而聋哑人因为视力好但情绪反应激烈,因此在过马路时会显得比较急躁和冲动,并且不一定会对整个情况有一个完整的判断;智残人士的智力水平较低下,有的可能还没达到儿童的智力水平,因此在过马路的时候根本无法判断他们的行为和方式;肢体残缺的人多数也比较小心,不会贸然行事。

以上分析了少年儿童、青年人、中年人、老年人以及残疾人的心理特征和交通行为,可看出各自都有不同的特点,然而,即使同一年龄的人和同一类人也存在个体差异,往往也表现出不同的行为特征,在此只能对共性的一些情况做分析。

第三节 非机动车与交通安全

《道路交通安全法》规定,非机动车是指以人力或者畜力驱动上道路行驶的交通工具,以及虽有动力装置驱动但设计最高时速、空车质量、外形尺寸符合有关国家标准的残疾人机动轮椅车、电动自行车等交通工具。根据管理实践,通常将非机动车分为自行车、电动自行车、人力三轮车、残疾人机动轮椅车及畜力车等。

一、助力电动车交通行为分析

(一)助力电动自行车的交通特点

助力电动车主要是指以蓄电池为辅助能源,具有两个车轮,能实现人力骑行,电动或电助动功能的特种自行车,同时要求其最高设计速度不得超过20km/h,整车质量不大于40kg。电动自行车不仅继承了自行车的特点,同时也具有自身的特点。

优点:起动快,电动车采用电力驱动,因此加速度大,起动迅速;对比于机动车,电动车操作简单,起动反应时间短。因此,在交叉路口,电动车往往先进入交叉口,并且保持高速行驶。而且操纵简单,停放无需太大空间,价廉物美,无噪声和尾气污染,是一种舒适环保的交通工具。

缺点:违章率高,与行人、与机动车抢道,与其他交通方式相互干扰,道路通行能力降低。根据相关研究表明,电动车违章率明显高于其他交通方式,尤其在交叉口,不按规定停车、闯红灯、随意穿越道路及逆向行驶等违章行为屡禁不止。安全性差,无保护外罩,骑行者容易受到碰撞,甚至翻车。在严寒酷暑的天气,电动车出行非常困难。如不买保险,发生交通事故索赔难,废弃的电池没有规范的收回程序,污染环境。

(二)骑行者的交通心理特征

在骑行者行驶过程中,人体生理在起作用,但同时心理过程也在起作用。生理和心理活动不是独立的,往往是同步显现。不同生理条件的人,会产生不同的心理活动。骑行是生理和心理过程在输入信息、处理信息和输出信息诸方面相互依附、协调工作。

1. 胆怯心理

骑行者惧怕机动车,尤其是大型机动车,因而在骑行过程中会产生胆怯心理。因为骑行者一无驾驶室,二无头盔,属于交通弱者,所以在骑乘过程中离机动车越近,机动车的速度越快,骑行者的心理压力就越大,在这种胆怯心理的作用下,骑行者很容易高度紧张而产生错误判断,酿成交通事故;同时,如初骑者、妇女、老人及少年在骑行过程中,因为紧张会处于蛇形运动状态。

2. 侥幸心理

侥幸心理表现的场合比较多,如骑行者从小巷、支路转向大街时,不是慢行、看清楚道路交通情况后再行动,而是突然窜出,有些骑行者还边骑边看热闹,分散了注意力。在遇到路面有坑塘等情况时,不会前后观察,而是随意绕开,夏天为了躲避太阳,甚至逆行。

3. 排他心理

排他心理表现的地方比较多,如明知道必须遵守的规定也不遵守、不执行,或者骑行过程中带人、带重物。

4. 超越心理

骑行者因为助力电动车比较灵活方便,因此他们见空就钻,见慢就超,这些行为的安全隐患很大。

5. 从众心理

很多人认为只有自己的行为与大多数人一致的时候,才感到安稳,否则就觉得孤立,这种心理在社会心理学中被称为从众心理。在道路交通中经常会看到,只要一个人违章行驶而无人制止,就会有很多骑行者受诱导一拥而上,随后人数越来越多。尤其是在十字路口,等待信号灯的时候,如果有人提前起动车辆并顺利地通过了路口,那么其他人也就会尾随而过,迫使后面的机动车停车等候,这样不仅造成交通拥堵,往往险象环生,而且发生交通事故。

二、自行车交通行为分析

(一)自行车的交通特点

1. 优势

(1)自行车是轻便灵活、经济且适用的绿色交通工具,不受道路条件制约,可在各种道路及狭窄街巷上骑行,可实现门到门的目的,容易使骑行人随机应变,相对于其他交通工具,价廉物美,使用费用也很低,自行车节约能源,对环境毫无坏影响。这种典型的特性,不但备受各种人群的欢迎,也是城市交通问题专家和环境保护专家推崇的主要城市交通工具。

(2)自行车是人力驱动,有益于人们锻炼身体,它利用简单的机械原理,以人为动力来源。我国自行车的平均骑行速度为15.4km/h,美国约为20km/h。这种人力驱动的交通工具,由于人的体力所限,具有速度慢、行程近的特点,而且只适合在平坦的道路上骑行。

(3)自行车适用于短时出行,选用自行车作为出行交通工具,要受到出行者体力和出行距离、出行时间等方面的制约,具体表现为自行车出行的时距:自行车出行时距一般不超过50min。当出行时距小于10min时,人们主要采用步行方式出行;当出行时距在11～30min时,人们主要以自行车方式出行,以自行车方式出行的约占该时段时距段总出行的50%;当出行时距超过30min,人们一般采用公交车出行方式出行。

2. 劣势

(1)自行车的安全防护弱?而且影响因素多。

自行车骑行者暴露于外界,无论是生理还是心理上都缺乏安全的防护,极易受到外界环境的影响和干扰。自行车作为无防护安全的交通工具,被动安全性很差,骑自行车时,一旦摔倒,骑车人与自行车之间、骑车人与路面之间就会发生撞击,骑车人会受伤。当自行车受到动能较大的机动车撞击时,不但自行车易于变形,而且骑车人也会与车体分离,并以较高速度撞击路面,受到重伤,甚至当场死亡。自行车无安全防护装置的特性,同样也容易受到气候等自然条件的影响,如雨、雪、风沙、严寒、酷暑等。

(2)自行车骑行者对前方空间知觉准确,对后方空间知觉不便。

骑行者在骑行过程中几乎没有盲区,人的头部前只有前车轮和转向把,而且这些部件对骑行者感知车体在道路上的空间位置没什么视觉障碍。也就是说,自行车的结构特点,使得骑行者在视野内的空间知觉较为准确。但是因为自行车没有后视镜,因此使骑行者在向左转弯时,只有把头向后转才能感知后方汽车的运行情况,这样既不安全也不方便。

(二)自行车骑车人的交通心理分析

1. 缺乏安全感

骑行者在混合道路上行驶时这种心理尤其明显,因为自行车没有任何防护装备,特别是在交叉路口,骑行者一般特别害怕大型机动车,更主要的是因为没有后视镜,没有办法观察后面的情况,特别没有安全感。

2. 骑行时容易显得没有规律、散漫

骑行者一般不愿意和别人扎堆行驶,并且要和别人保持一定的纵横向距离,以免他人影响自己行驶或他人摔倒殃及自己,所以在道路上自行车分布离散,因此导致占据车道较多,影响机动车通行。

3. 随机应变的心理

因为自行车容易操控,机械原理简单,特别是现在的很多自行车在材料和设计方面都有了很多的突破,所以很多时候遇到一些情况,骑行者可以在短时间内采取有限措施。

三、其他非机动车交通行为分析

除了自行车,非机动车还包括人力三轮车、残疾人机动轮椅车和畜力车。

据调查,这些车通常出现的违规行为主要有以下几种状况:闯信号、停车越线、行驶在机动车道内、骑车带人、逆向行驶、拦头猛拐、抢道行驶、乱停乱放;行人闯信号、不走人行道、横过马路不走人行横道线、有人行天桥的不走人行天桥、斜穿道路、翻越护栏;人力车、人力三轮车、畜力车闯禁行等。

四、骑行中的异常心理

注意力不集中。非机动车的骑行者在骑行过程中很容易分心,因为骑行环境不像汽车那样是封闭的,视野非常开阔,这样很容易使骑行者分心。

好奇心理。很多骑行者在路上会对路上的各种情况产生浓厚的兴趣,导致注意力不集中,从而造成严重后果。

感情冲动。非机动车道比较狭窄,而且很容易互相剐蹭,有的骑行者,特别是年轻骑行

者情绪波动易冲动,所以经常导致交通事故的发生。

争强好胜。争强好胜的性格在骑行者中并不少见,这种心理很容易导致各种事故的发生。

霸车占道。很多骑行者法律意识淡薄,加上各种非机动车体积小、容易操纵,所以会导致骑行者毫无顾忌地侵占各种路段。

第四节　复杂路况驾驶交通心理分析

一、城市道路驾驶人交通心理分析

(一)我国城市道路交通现状

当前,全国大中城市普遍存在着道路拥挤、车辆堵塞、交通秩序混乱的现象。概括起来,目前我们城市交通主要呈现出下列特点和问题:

1. 交通拥堵

我国大多数城市道路交通状况主要表现为交通拥堵、很多城市市区的交通拥堵状况总体已经比较严重,呈现出两个特点:地点固定性和时间的规律性。这些固定的交通拥堵地段包括:交通要道、商业集中区路段、学校附近、红绿灯设置多的路段及行人较多穿行机动车道路段。很多城市市区发生交通拥堵主要发生在以下几个时间段:每天的上下班高峰期,上下班车流、政务商务车流、旅游休闲车流同时集聚在相同的路段上;周末、黄金周期间出行车辆比平常增加。

造成城市市区交通拥堵主要原因有以下几点:

机动车数量增长速度过快,道路车流量日益增大。道路建设在结构和功能上无法满足交通需要。缺少快速、便捷的环城高速线路,使得很多往来各城区的机动车被迫需要经过城市中心区。一些交通道路功能不清,路网结构欠合理。不少道路都被用来搞商业街、步行街。导致不少道路成为断头路,无法有效地利用现有的城市道路进行车辆分流。一些交通道路设计过窄,道路之间没有分叉路口,无法进行车辆分流。一些人流量很大的道路没有人行道、地下通道或者人行天桥。大量行人来往于这些机动车道之间,就会造成部分车辆通行极其缓慢。停车场建设滞后,大量车辆无成本、无序停在交通道路上,影响了正常的交通秩序。

2. 部分市民交通安全意识和法制观念淡薄,交通公德意识差

很多机动车违章现象突出。如随意抢道、占道、掉头和停车,在没有交警管理、红绿灯的路口,各种车辆互相抢行;部分驾驶人驾驶违反交通规则,占用停车道,阻挡了整个公交车车道,影响了整个道路交通;还有一些驾驶人在驾车时随意左转、掉头;更有驾驶人为了节省通行时间,本来是直行的,却在红绿灯处占用左传或者右转车辆路线试图并线。部分电动自行车、自行车和行人随意穿行。很多行人常常行走在自行车道上,自行车和电动自行车则大都行驶在机动车道上,挤压了公交车和机动车行驶空间。

3. 市区道路交通管理还有很多地方不到位

一些城市市区交通秩序疏导基本上还是依赖民警和红绿灯岗亭疏导,管理力量不足,交通管理科技手段还比较低。在交通管理上还是基本采用警力、交通灯等形式，没有大规模使用电子眼，形成严密的道路交通安全系统，无法进行科学的管理。不少红绿灯的设计时间不合理，车辆较多的方向反而通行时间较短。交通安全措施和责任不落实，出现交通事故，没有得到快速、有效的处理。很多时候事故双方为了保护现场，往往牺牲了整个道路交通。一些交通道路两旁的施工单位非法占用了人行道、自行车道，挤压了行人、非机动车的通行空间。

4. 公交发展相对迟缓，市民出行系统结构不合理

随着城市的不断扩大，市民出行距离的加大，步行和自行车出行的比例将逐步下降，虽然公交车辆和线路长度增长许多，但公交车辆的运营速度不断下降，新增的运力被运输效率下降所抵消。由于公共交通受到冲击，被转移出来的乘客便要寻找其他出行方式，加剧出行结构的不合理。若公交车不能迅速发展起来，就必然会导致交通环境的进一步恶化。拥有公交营运车辆不多，运营线路不够，万人拥有公交车辆标台较低，居民出行中的公交分担率过小。

（二）城市道路驾驶人交通心理分析

面对拥堵和复杂的城市道路交通状况，驾驶人通常会在心理、情绪、注意力方面出现不同的状况。

1. 紧张心理导致操作失误

在心理上，面对城市拥堵的状况和混乱的现场，驾驶人容易在不知不觉中进入紧张的状况，这样往往会与其他过往车辆、行人的行动得出与实际情况完全不同的预估和判断，容易误解对方或产生对对方不满的表现，在没有判断准确的情况下强行超车行驶，往往会造成两车相刮蹭或对面驶来的车辆相撞，以导致恶性交通事故的发生。

2. 复杂的路况导致不良情绪的产生

在驾驶车辆行驶过程中，当驾驶人心情愉快、满意时能感到心情舒畅、心理舒适，对事物的观察和判断具有积极的促进作用，常常表现出感受力强，勤于观察，反应迅速，判断准确，动作敏捷，有利于车辆行驶安全。反之，产生忧愁、恐惧、苦恼等情绪波动时，则感受力下降、精力分散、懒于观察思考，开起车来胆大气粗，一旦遇到紧急情况和突发事件时，则反应迟钝，产生判断失误等不良行为。很多驾驶人在城市道路驾驶时不注意调节自身情绪，导致情绪失控，产生严重后果。

3. 不会排除干扰，导致注意力不集中，造成严重后果

在驾驶人从事驾驶活动的工作中，注意占重要地位，它是心理活动对那些于自己有无意义的事物指向和集中。如：不注意看，就会视而不见；不注意听，就会听而不闻；不注意思考，就会判断失误；不注意操作，就会操作失控等。这些情况都是注意力没有得到集中，而导致感知迟缓、判断错误甚至出现危险征兆。在驾驶活动中要排除其他事物的干扰，全神贯注地开车，才能保证行车安全。

身心疲劳的人很难集中注意力，注意力不集中会变得反应迟钝、差错增多。另外，与驾驶无关的事情（如：家庭纠纷、人际关系等）引起的情绪都会减弱注意力。如驾驶人拥有高度的责任感，在驾驶活动中，他的随意注意是很容易转变为随意后注意，在驾驶活动中就会变得轻松、自如。

4. 应激状况的处理

在驾驶活动中常常会遇到一些突发情况,如:后面的车突然超车,对面来车突然逆行等,在这些突发事件和突然情况面前,驾驶人一般都处于应激状态(与个人的体质、气质方面的强弱有关),有的驾驶人情绪不稳定,注意力不集中,面对这种意外的情况的在瞬间难以做出避让动作甚至做出错误反应。

二、夜间道路驾驶人交通心理分析

1. 夜间驾驶的特点

(1)驾驶人的视力变差,视野变窄。

夜间自然光线变差,路灯光或路灯照射范围和亮度有限,能见度变差,视距变短,视野变小,横、纵视野受限。驾驶人在行车中对道路以及周围环境的情况看不清楚,对道路的观察、判断仅局限于灯光所照得到的范围,驾驶人搜集到的交通信息量大大减少,甚至在会车时,由于与远光灯炫目会使得驾驶人出现短暂的视线盲区。因夜色而引起道路及其他物体颜色的变化,使驾驶人不能正确判断弯道的半径大小,不易区分上、下坡与平路及左右状况,容易顾此失彼。

(2)驾驶人容易疲劳,导致观察力和判断力降低。

驾驶人夜间行驶改变了驾驶人的生活规律,容易使生物钟出现短时的生理紊乱而产生疲劳感,进入夜间后,驾驶人的兴奋度较差,个别人接近于半清醒状态。另外,夜间行车的特殊环境,使驾驶人在行车处理中各种交通情况要比白天付出更多的精力。同样的情况下,夜间判断需要的时间较白天长,加上夜间周围环境比白天单调,驾驶人更容易出现精神和视力疲劳,使交通事故发生概率大大提高。相比之下,夜间行车比白天行车更容易发生交通事故。

在这种情况下容易发生车祸,如驾驶人以前方大型慢速行进车辆的尾灯为目标快速(或高速)追超,由于目测不准,等到发觉跟得过近已为时已晚,容易发生追尾;还有亮着尾灯的车辆停靠于路边(肩),后方驶来的车辆因判断失误而造成追尾。

(3)驾驶操作难度大。

夜间行车由于光线暗淡、视野狭窄、参照物减少、目标清晰度较差,驾驶人反应时间增长,对道路上的各种情况判断难,因此驾驶人判断失误次数增多。特别在超车、会车时,稍不注意,就会发生交通事故。

2. 夜间行车驾驶人心理分析

(1)紧张恐惧心理。

在面对以上视野和视距都不佳、判断时间变慢等情况时,多数驾驶人会有一定的紧张和害怕的心理,面对周围的黑暗,觉得不可控的因素太多,生怕在驾驶过程中因为有所失误而出现意外。另外,因为视野不佳,周围没有参照物,很多人还容易开快车,导致交通事故的发生。

(2)容易疲劳,导致判断操作失误。

为了看清前方,很多人保持高度集中注意力,这样很容易导致疲劳。另外,夜间驾驶人看到的是茫茫黑夜,寂静旷野,听到的只有单调的发动机的声音,这些单调的环境也很容易使驾驶人疲劳、倦怠,特别是黎明前后,驾驶人的疲惫感会很强。所以夜间行驶中,驾驶人的观察力、判断力会受到影响,采取措施不够及时。夜间行车本来就有许多潜在的危险,危险系数比白天大,加上驾驶人多少有点紧张,对情况的判断和采取措施会有一定的失误。

(3)积累经验,可以改变夜间驾驶带来的不利因素。

很多资料表明,虽然在理论上夜间驾驶在理论上有很多不利因素,但是有很多有经验的驾驶人并不太惧怕夜间驾驶,这首先需要不断实践,熟悉路面。一般来说,他们能够找到规律,比如当汽车车速变慢和发动机声音变沉闷是表明汽车正在爬坡或驶经松软的路面,当车速自动增快和发动机声音变轻松时,表明行驶阻力减少或下缓坡,当灯光投射由远及近时,表明汽车驶近或驶入上坡道等。其次,他们会在平时注重对车的保养和维护,特别对车辆的照明系统进行检查,维持良好的状况。驾驶人夜间行车主要是靠照明系统,车灯安装、调试不正确,不但影响驾驶人的视距视角,还会给迎面来车的驾驶人造成眩光。此外,还要注意保持发动机蓄电池状况是否良好以及车灯本身搭铁是否牢固。

三、雨雪雾天气驾驶交通心理分析

1. 雨雪雾天气给行车安全带来的不良因素

雨天对驾驶人行车的影响主要有三个:一是制动距离及制动特性,当汽车制动时,车轮产生的总制动力,只能小于或等于车轮与道路之间的附着力。车轮与道路之间的附着力主要取决于附着系数,附着系数与路面气候条件有很大的关系。二是驾驶人的视线受影响,能见度降低,下雨对驾驶人的视线有严重的影响,风窗玻璃上虽装有刮水器,但由于雨水使光线透过率大大减小,可视距离大大缩短,能风度大大降低。三是道路上其他交通参与者的行为变得更加多变和无法预测。

降雪与结冰的影响主要是:当汽车在冰雪冻结道路上行驶时,其主要特点是制动距离加长。例如,汽车以 40km/h 的速度行驶时,在干沥青路上的制动距离为 10.50m,在干水泥路上的制动距离为 9.00m,而在冰路上的制动距离为 62.98m,在雪路上的制动距离为 31.49m。

在强雪或冰冻道路上行车时,对驾驶人威胁最大的是滑溜。滑溜有四种类型:后轮溜滑、前轮滑溜、动力滑溜、横向滑溜。此外,在冰冻结雪道路上行车时要注意其他交通参与者(如行人和自行车突然滑倒),在行车时应尽量与行人和自行车保持适当的安全距离。

下雾对驾驶人行车的影响主要有以下两个方面:一是大大降低能见度,使驾驶人看不清楚运行前方和周围情况;二是由于道路上雾水与积累的油和泥土的混合轮胎与路面的附着力减小,车轮容易打滑,从而使制动距离增加。

2. 雨雪雾天气驾驶交通心理分析

(1)恐惧担心心理。大多数驾驶人在遇到恶劣的天气条件,会有一定的恐惧和担心的心理,因为操作和控制整个车辆变得有难度,安全系数降低。

(2)情绪变化。雨雾雪天气驾驶人要保持注意力高度集中,容易疲劳,也容易烦躁,所以在经过一定时间的驾驶之后,不少驾驶人会觉得注意力难以集中。

(3)体能下降。在长时间的驾驶过程之后,很多驾驶人因为注意力集中,而且长时间的制动和转向盘操控,会导致驾驶人体能下降。

四、高速公路驾驶交通心理分析

1. 高速公路的定义

公路根据使用任务、功能和适应的交通量分为高速公路、一级公路、二级公路、三级公路、四级公路五个等级。高速公路为专供汽车分向、分车道行驶并全部控制出入的干线公路。四车道高速公路一般能适应按各种汽车折合成小客车的年平均昼夜交通量为 2500 ~ 55000 辆;六车道高速公路一般能适应按各种汽车折合小客车的远景设计年限年平均昼夜交通量为 45000 ~ 80000 辆;八车道高速公路一般能适应按各种汽车折合成人客车的远景设计年限年 60000 ~ 100000 辆。

高速公路与一般公路的区别包括:

(1)高速公路只供具有一定行驶速度的汽车通行,因此排除了线路上来自横向、纵向其他通行者带来的交通干扰,汽车能充分地发挥自身的功能,运行速度提高很多。

(2)高速公路有固定的出入口,就像轨道交通的停靠站。由于高速公路上的汽车仅能通过出入口与外界发生联系,因此在高速公路上运行的汽车少受外界影响,高速公路的汽车能安全地发挥性能。

(3)高速公路通行能力较大。

(4)完善的中央隔离带减少了对向来车冲撞的可能性,增加了驾驶人的安全感。同时,中央隔离带上的防眩设施防止了夜间行车时对向车辆的灯光对驾驶人造成的目眩,有效地提高了夜间行车的安全感,增加了夜间行驶的舒适度。

(5)行车事故减少。据资料记载,美国自有高速公路后,因行车事故的死亡人数,从每亿车公里 5.77 人下降到每亿车公里的 2.43 人。

2. 高速公路驾驶交通心理分析

公路发生安全事故,主要是由驾驶人的不安全行为和车辆性能所致,其中,驾驶人的心理素质与安全行为密切相关。2011 年在沪蓉西高速公路的统计数据表明,高速公路事故主要集中在货车运行车辆,占到 40%,小客车占到 28%,大客车占到 7%,其他占到 25%,事故原因主要集中在超速及操作不当等人为因素。

(1)驾驶人的情绪状况对安全驾驶有重大影响。驾驶人如果因为生活工作压力等让自己的情绪处在焦虑抑郁中,对高速公路上的很多紧急状况,采取措施时会比较容易失误。情绪不良会导致心率和呼吸发生变化,对人的判断力和行动力产生一定影响。

(2)在高速公路行驶良好的路况使很多驾驶人容易超速,造成不良后果。因为车速一般较快,如果车况不良,就导致了安全事故的发生。

(3)高速公路对人的素质有较大的要求。素质可以分为文化素质、职业素养、心理素质、智能素质、品德素质等,素质良好的驾驶人在面对路面环境变化、不良天气影响的时候,能够保持较好的情绪,但是比如很多载货汽车驾驶人生活压力大,情绪不稳定,容易超载,也容易超速,造成安全事故。

检验评估

1. 道路条件对驾驶安全的影响表现在哪几个方面？

2 交通流状态与交通安全有什么关系？有哪些主要内容？

3. 交通管理条件对安全驾驶的影响表现在哪几个方面？

4. 雨雪雾天气分别对安全驾驶有什么影响？

5. 少年儿童的交通行为有什么特点？

6. 老年人的心理特点导致了哪些交通行为？

7. 非机动车的交通行为有什么特点？

8. 简述城市道路驾驶交通心理特点。

9. 简述夜间道路驾驶交通心理特点。

10. 高速公路交通有什么特点？

11. 如何运用交通安全心理学提升驾驶员自身素质？

第六章　驾驶人的感知觉训练

学习目标

1. 了解感觉、知觉的概念、分类。
2. 熟知危险知觉的机制与检测。
3. 掌握危险知觉的影响因素。
4. 熟练掌握危险感知能力的改善方法。

案例分析

2014 年 4 月 23 凌晨,一位大货车驾驶人出隧道时,因为不适应洞内外光线的视觉差,操作失误,一车橙子翻倒一地。当天 4 时 10 分许,湖北省高警三峡大队接到报警,在三峡翻坝高速往宜昌方向天鹅岭隧道出口处,一辆满载脐橙的中型货车侧翻。民警赶到后发现,金灿灿的橙子散落一地,驾驶人没有受伤。驾驶人高某表示,车载 10t 橙子从秭归前往宜昌,出隧道时,因隧道内很亮,隧道外很黑,眼睛不适应,急踩一下制动踏板,猛打了转向盘,导致车辆失控侧翻。民警提醒,隧道白天光线暗,夜间显得亮。进出隧道时,双眼会有一个适应过程,驾驶人进出隧道口一定要减速慢行。

驾驶人在行车过程中,由视觉获得的信息占全部信息的 80% 以上,所以驾驶人的视觉机能对驾驶行为影响很大。如果驾驶人缺乏感知觉方面的知识和经验,在紧急情况下不知如何应付,往往就会表现出紧张、不知所措或错误操作,导致交通事故的发生。

感知能力是驾驶人心智技能的重要组成部分。对一个机动车驾驶人来说,感知能力的强弱与其感觉灵敏度、驾车经历、行车经验等因素有关,是安全行车的基础。大量的统计资料表明,因驾驶人的感知错误造成的交通事故大约占事故总数的 40%。因此,加强驾驶人感知能力的训练,提高驾驶人的感知能力具有重要的现实意义。

第一节　驾驶人的感知觉概述

一、感觉

(一)感觉的概念

感觉是客观刺激作用于感觉器官所产生的对事物个别属性的反映,是人脑对来自现实世界的感官直接信息的觉察和识别。人对客观事物的认识是从感觉开始的,它是最简单的认识形式。感觉虽然是一种极简单的心理过程,可是它在我们的生活实践中具有重要的意义。例如有了感觉,我们就可以分辨外界各种事物的属性,因此才能分辨颜色、声音、软硬、粗细、重量、温度、味道、气味等;有了感觉,我们才能了解自身各部分的位置、运动、姿势、饥饿、心跳;有了感觉,我们才能进行其他更为复杂的认识过程。失去感觉,就不能分辨客观事物的属性和自身状态。因此可以说,感觉是各种复杂的心理过程(如知觉、记忆、思维)的基础,就这个意义来说,感觉是人关于世界的一切知识的源泉。

作为驾驶人来讲,在驾驶过程中获得各种信息,例如眼睛感受车外各种物体的颜色和亮度,双手感受转向盘的操作力量,右脚感受加速及制动情况,耳朵倾听发动机的声音等,都归为感觉现象。

(二)感觉分类

根据刺激的来源不同,可以把感觉分为外部感觉和内部感觉。外部感觉是由机体以外的客观刺激引起、反映外界事物个别属性的感觉。外部感觉包括视觉、听觉、嗅觉、味觉和肤觉。内部感觉是由机体内部的客观刺激引起、反映机体自身状态的感觉。内部感觉包括运动觉、平衡觉和机体觉。

1. 外部感觉

(1)视觉。

以眼睛为感觉器官,辨别外界物体明暗、颜色等特性的感觉叫作视觉。

产生视觉的适宜刺激是可见光。光是具有一定频率和波长的电波。宇宙中存在各种电磁波,而其中只有一小部分才是可见光。产生视觉的适宜刺激是波长为 380 ~ 780nm 的电磁波,即可见光。

接受光波刺激的感受器是眼睛视网膜上的感光细胞。视网膜上的感光细胞有两种:视锥细胞和视杆细胞。视锥细胞大多集中于视网膜的中央窝及其附近,大约有 600 万个,能分辨颜色和物体的细节。视杆细胞主要分布在视网膜的边缘,大约有 1.2 亿个,主要感受物体的明暗,但不能分辨颜色和物体的细节。当适宜的光刺激透过眼睛到达视网膜,引起视网膜中的感光细胞产生神经冲动,神经冲动沿视神经传导到大脑皮质的视觉中枢时,视觉就产生了。

(2)听觉。

声波振动鼓膜产生的感觉就是听觉。引起听觉的适宜刺激是频率(发声物体每秒钟振动的次数)为 16 ~ 20000Hz 的声波。低于 16Hz 的振动是次声波,高于 20000Hz 的振动是超声波,都是人耳不能接收的。接受声波刺激的感受器是内耳的柯蒂氏器官内的毛细胞。当声音刺激经过耳朵传达到内耳的柯蒂氏器官内的毛细胞时,引起毛细胞兴奋,毛细胞的兴奋沿听神经传达到脑的听觉中枢,这就产生了听觉。

(3)嗅觉。

某些物质的气体分子作用于鼻腔黏膜时产生的感觉叫作嗅觉。引起嗅觉的适宜刺激是有气味的挥发性物质,接受嗅觉刺激的感受器是鼻腔黏膜的嗅细胞。有气味的气体物质作用于嗅细胞,细胞产生兴奋,经嗅束传至嗅觉的皮层部位(位于颞叶区),因而产生嗅觉。

许多动物要借助嗅觉来寻找食物、躲避危险、寻求异性。人的嗅觉已退居较次要的地位。例如,德国牧羊犬的嗅觉比人类的嗅觉敏锐 100 万倍。但即使这样,人的嗅觉仍为我们的生存提供重要的信息。例如,有毒的、腐烂的物质常伴有难闻的气味,这对于想食用它们的人来说是一种警告。人的嗅觉受多种因素的影响,如刺激物的作用时间、机体生理状态、空气的温度和湿度等。温度太高、太低,空气湿度太小,机体感冒等,都会降低嗅觉的敏感性。

研究表明,嗅觉刺激可以唤起人们的记忆和情绪。做词汇练习时闻着巧克力香味的学生,第二天在提供巧克力香味的情况下,要比不提供巧克力香味的情况下回忆出来的词汇多。芳香的气味可以使人心情好,增强自信,提高工作效率。

(4)味觉。

可溶性物质作用于味蕾产生的感觉叫作味觉。如果用干净的手帕将舌头擦干,然后将冰糖或盐块在舌头上摩擦,这时你感觉不到任何味道,甚至可以把奎宁撒在干舌头上,只要唾液不溶解它,就不会感觉到苦。引起味觉的适宜刺激是可溶于水或液体的物质,接受味觉刺激的感受器是位于舌表面、咽后部和腭上的味蕾。

味蕾的再生能力很强,所以即使因吃热的事物烫伤了舌头,也不会对味觉有太大影响。但是,随着年龄的增长,味蕾的数量会逐渐减少,因此人的味觉敏感性会逐渐降低。吸烟、喝酒会加速味蕾的减少,因而会加速味觉敏感性的降低。基本的味觉有酸、甜、苦、咸四种,其他味觉都是由这四种味觉混合而来。舌尖对甜味最敏感,舌中对咸味最敏感,舌的两侧对酸味最敏感,舌后对苦味最敏感。食物的温度对味觉敏感性有影响。一般来说,食物的温度在 20~30℃时,味觉敏感性最高。机体状态也会影响味觉敏感性。饥饿的人对甜、咸较敏感,对酸、苦不太敏感。

(5)肤觉。

刺激作用于皮肤引起的各种各样的感觉叫作肤觉。引起肤觉的适宜刺激是物体机械的、温度的作用或伤害性刺激,接受肤觉刺激的感受器位于皮肤、口腔黏膜、鼻黏膜和眼角膜上(如皮肤内的游离神经末梢、触觉小体、触盘、环层小体、棱形末梢等),呈点状分布。

肤觉的基本形态包括触压觉、温度觉、痛觉。其他各种肤觉是由这几种基本形态构成的复合体。

由非均匀的压力在皮肤上引起的感觉叫作触压觉。触压觉包括触觉和压觉。当机械刺激作用于皮肤表面而未引起皮肤变形时产生的感觉是触觉;当机械刺激使皮肤表面变形但未达到疼痛时产生的感觉是压觉。相同的机械刺激在皮肤的不同部位引起的触压觉的敏感性是不同的,额头、眼皮、舌尖、指尖较敏感,手臂、腿次之,胸腹部、躯干的敏感性较低。

温度觉指皮肤对冷、温刺激的感觉。温度觉包括冷觉和温觉两种。冷觉和温觉的划分以生理零度为界限。生理零度指皮肤的温度,随温度的变化而变化。温度刺激高于生理零度,引起温觉;温度刺激低于生理零度,引起冷觉;温度刺激与生理零度相同,则不能引起冷觉和温觉。

痛觉是对伤害有机体的刺激所产生的感觉。引起痛觉的刺激很多,包括机械的、物理的、化学的、温度的以及电的刺激。痛觉对有机体具有保护作用。天生无痛觉的人常常寿命不长,因为他们体会不到因机体受伤或不适而产生的痛觉,因而不会主动去为医治自己的身体而努力。不仅仅是皮肤,全身各处的损伤或不适都会产生痛觉。因此,痛觉既可以是外部感觉,也可以是内部感觉。影响痛觉的因素很多,我们可以通过药物、电刺激、按摩、催眠、放松训练、分散注意力等方法减轻痛觉。我国学者研究表明,人体皮肤对痛觉的敏感性一年中经历两次周期性的变化,春、秋两季比夏、冬两季要迟钝,其原因尚不清楚。

2. 内部感觉

(1)运动觉。

反映身体各部分运动和位置的感觉叫作运动觉。引起运动觉的适宜刺激是身体运动和姿势的变化,接受运动觉刺激的感受器位于肌肉、韧带、关节等的神经末梢。凭借运动觉,我们可以行走、劳动,还可以进行各种体育活动,完成各种复杂的运动技能;凭借运动觉与触觉、压觉等的结合,我们可以认识物体的软硬、弹性、远近、大小、滑涩等特性。

(2)平衡觉。

反映头部位置和身体平衡状态的感觉叫作平衡觉。引起平衡觉的适宜刺激是身体运动时速度和方向的变化,以及旋转、震颤等,接受平衡觉刺激的感受器位于内耳的前庭器官,即椭圆囊、球囊和三个半规管。平衡觉的作用在于调节机体运动、维持身体的平衡。平衡觉与视觉、机体觉有联系,当前庭器官受到刺激时,视野中的物体仿佛在移动,我们会产生眩晕、恶心、呕吐等。

(3)机体觉。

机体内部器官受到刺激时产生的感觉叫作机体觉。引起机体觉的适宜刺激是机体内部器官的活动和变化,接受机体觉刺激的感受器分布于人体各脏器的内壁。机体觉在调节内部器官的活动中具有重要作用,它能及时地反映机体内部环境的变化、内部器官的工作状态。当人体的内部器官处于健康、正常的工作状态时,一般不会产生机体觉。机体觉的表现形式有饥、渴、气闷、恶心、窒息、便意、性、胀、痛等。

感觉分类概况如表6-1所示。

感 觉 分 类   表6-1

感觉种类	适宜刺激	感受器	反映属性
视觉	390～800nm 的光波	视网膜上的棒状和锥状细胞	黑、白、彩色
听觉	16～20000Hz	耳蜗管内的毛细胞	声音
味觉	溶解于水或唾液中的化学物质	舌面、咽后部、腭及会厌上的味蕾	甜、酸、苦、咸等味道
嗅觉	有气味的挥发性物质	鼻腔黏膜的嗅细胞	气味
肤觉	物体机械的、温度的作用或伤害性刺激	皮肤的和黏膜上的冷点、温点、痛点、触点	冷、温、痛、压、触
运动觉	肌肉收缩,身体各部分位置变化	肌肉、肌腱、韧带、关节中的神经末梢	身体运动状态位置变化
平衡觉	身体位置、方向的变化	内耳、前庭和半规管的毛细胞	身体位置变化
机体觉	内脏器官活动变化时的物理化学刺激	内脏器官壁上的神经末梢	身体疲劳、饥渴和内脏器官活动不正常

（三）与驾驶行为有关的感觉

视觉给驾驶人提供80%的交通信息；听觉使驾驶人根据声音信息区分汽车机件的故障；用手操纵转向盘，用脚踩制动踏板，手和腿每个关节肌肉的感觉给驾驶人提供行车方向和行车速度的信息；平衡觉向驾驶人发送物体在空间位置的信息。根据这些感觉，驾驶人可以判断车速、前进方向、加速和减速。所以，与驾驶行为有关的最重要的感觉是视觉、听觉、运动觉和平衡觉等。

1. 视觉

驾驶人在行车过程中，由视觉获得的信息占全部信息的80%以上，所以驾驶人的视觉机能对驾驶行为影响很大。

（1）视力。

眼睛分辨两物点之间最小距离的能力叫视力。视力分为静视力、动视力和夜间视力三种。

静视力是待检人员站在视力图表前面，距离视力表5m远处，依次辨认视标测定的视力。视力共分12级。0.1～1.0每级差0.1，共10级，另有1.2和1.5两级。中国驾驶人的体检视力标准为两眼的视力各应为0.7以上，或两眼视力不低于0.4，但矫正视力达到0.7以上，无红、绿色盲。

驾驶人在行车过程中的视力为动视力。动视力随车速变化而变化，形成反比，即车速提高而动视力降低。例如用60km/h的速度行驶，驾驶人能看清车前240m的标志，而用80km/h的速度行驶，则在接近160m处才能看清，车速提高33%，视认距离减少36%。为保证驾驶人在发现前方有障碍物时能有足够的时间辨认和采取措施，或希望车速提高，视认距离能相应地增加。但由于人的生理条件所限，其结果恰恰相反。因此，汽车的最高车速也受人的动视力的限制。

此外，动视力下降数值与驾驶人的年龄有关。年龄越大，动视力下降的幅度越大。一般来说，动视力比静视力低10%～20%，特殊情况下低30%～40%。例如：同样观察4m/s运动的物体，20岁左右的人静视力为1.10左右时，动视力为0.70左右，而一个静视力为1.20的30岁的人，动视力却只有0.5左右。

夜间视力与亮度有关，亮度加大可以增强夜间视力。在照度为0.1～1000lx的范围内，两者呈线性关系。黄昏对于驾驶人来说，是最坏的时刻，因为在黄昏时，光线较暗，而汽车开前照灯时，其亮度与周围的亮度相差不大，因此，驾驶人不易看到周围的车辆和行人。另外，夜间视力与驾驶人的年龄有关，年龄越大，夜间视力越差，20～30岁的驾驶人的夜间视力最好。夜间视力还与车速有关，速度增加，视力下降：

夜间打开汽车前照灯运行时，汽车驾驶人应注意以下几种情况：

①夜间视力与物体大小的关系：在白天，大的物体即使在远处也可以确认。但在夜间，由于汽车前照灯所照的距离越远，照度越低，因此，在远处，即使是大的物体也不易看见。

②夜间视力与物体的高度的关系：由于汽车前照灯光线位置较低，特别是汽车在会车时要将远光灯改用近光灯（一般会车光线比行驶光线低），所以物体在车前的位置越低，夜间越容易被发现，而且看得较清楚。

③夜间视力与物体对比度的关系:在夜间,对比度大的物体比对比度小的物体容易确认。试验指出,有两个对比度分别为88%和35%的物体,如汽车在白天行驶,对比度小的物体比对比度大的物体的视认距离降低53%;如汽车在夜间行驶,行车开前照灯时视认距离降低75%,开小灯时视认距离降低80%。由此可见,夜间行车,物体的对比度显得特别重要。

④夜间物体的可见度与物体颜色的关系:夜间行车时,驾驶人对于物体的可见度,因物体的颜色不同而不同。红色、白色及黄色容易辨认,绿色次之,蓝色最不容易辨认。

⑤夜间视力对路面的观察:由于车灯直射,路面凸出处显得明亮,凹陷处很黑,驾驶人在行车中可根据路面明暗来避让凹坑。不过由于灯光晃动,有时判断不准。若远处发现的黑影,车辆驶近时消失,可能是小凹坑;若黑影仍然存在,可能凹坑较大、较深。月夜路面为灰白色,积水的地方为白色,而且反光、发亮。无月亮的夜晚,路面为深灰色。若行驶中前面突然发黑,则是公路转弯处。

(2)视力适应性。

由明处到暗处,肉眼习惯和视力恢复的过程,叫暗适应;由暗处到明处,肉眼习惯和视力恢复的过程,叫明适应。从一般经验得知,暗适应比明适应所需时间长。一般情况下正常人暗适应需10min,明适应需1min。适应速度的快慢,受照明强度的影响。明适应的过程中,眼的瞳孔要缩小;暗适应的过程中,瞳孔要扩大。

眼睛在明亮的白天和黑暗的夜间,虽然能通过瞳孔的变化来适应环境,发挥视觉功能。但是,当汽车运行在明暗急剧变化的道路上时,由于视觉不能立即适应,则容易发生视觉障碍。为了防止产生视觉障碍,必须减少由亮到暗而引起的落差,通常慢慢减低照明度,这叫作缓和照明。国外一些城市,在城区与郊区的交界处往往将路灯的距离慢慢拉长,直到郊区人烟稀少的地方才不设置路灯,这样可避免由城内开车到郊区的驾驶人感到由亮突变到暗的不适应过程,从而达到安全行车的目的。又如在高速公路的隧道入口处附近,这时虽说隧道内有100lx左右的照明,但在白天,隧道入口前的照度几乎达到几万勒克斯。这时驾驶人驾驶车辆进入隧道,由于明暗差距过大,眼睛不能适应,产生10s左右的视觉障碍,因而可能发生交通事故。如果行车速度为100km/h,10s左右的视觉障碍,相当于在260m的距离内,驾驶人的眼睛不能适应,故在隧道入口处应设有缓和照明,以减少视觉障碍,或在路旁设立"隧道内注意开灯"的标志,唤起驾驶人注意。

(3)耀眼。

通常,光线越明亮视觉越好。若视野内有强光照射,颜色不均匀,使人的眼睛产生不舒适感,形成视觉障碍,这就是耀眼。夜间行车,对面来车的前照灯强光照射,最易使驾驶人觉得耀眼。耀眼是由眩光产生的,眩光会使人的视力下降,下降的程度取决于光源的强度、光源周围的亮度、眼睛的适应性等多种因素。汽车夜间行驶,遇见的多数是间断性眩光。

强光照射中断以后,视力从眩光影响中恢复过来需要的时间,从亮处到暗处大约需6s,从暗处到亮处约需3s,视力恢复时间的长短与刺激光的亮度、持续时间、受刺激人的年龄有关。为了避免眩光影响,可采取交通工程措施,如改善道路照明、设防眩网、设道路中央分隔带并植树遮蔽迎面来车的灯光等。此外,正在研究汽车前照灯采用偏光玻璃做灯罩、驾驶人戴防眩眼镜等。

（4）视野

两眼注视某一目标,注视点两侧可以看到的范围叫视野。将头部与眼球固定,同时能看到的范围为静视野。若将头部固定,眼球自由转动,同时看到的范围为动视野。动视野比静视野大,左右约宽15°,上方约宽10°,下方无变化。正常的单眼视野范围,颞侧为90°,鼻侧为60°,上方为55°,下方为70°,两眼的视野可达160°。

驾驶人的视野与行车速度有密切关系,随着汽车行驶速度的提高,注视点前移,视野变窄,行车速度越高,驾驶人越注视远方,视野越窄,注意力随之引向景象的中心而置两侧于不顾,结果形成所谓隧道视。此外,在汽车行驶过程中,车速越高就越看不清路边近处的景物。因此,设计较高行驶速度的道路时(特别是高速公路),要采取封闭式,以禁止行人和非机动车进入车道,避免发生危险。按照这种规律,高速公路上的交通标志都应设在车道上方。

2. 听觉

听觉即对声音的感觉,对听到的声音能分析出它的音高、响度、音色和持续性,还能分析连贯地被感知的节奏旋律变化,并由此而能分辨它的方位和远近,所以听觉能补充视觉的不足,其重要性仅次于视觉。例如,在超车或会车时常用按喇叭来引起对方驾驶人的注意;行驶中听到警车、救护车和特种车的警报声,就会减速让行。与视觉信息相比,听觉信息具有两个明显的特征:一是反应快,听觉为 0.12~0.16s,视觉为 0.15~2.0s;二是刺激强,在公路上高速行车,遇到前方有行人或在雾天视觉受到影响时,常用鸣喇叭引起对方和行人注意。有经验的驾驶人在行车过程中,还能根据车内异响而推断某种机件或设备发生了故障,及时采取措施,保障行车安全。

二、知觉

(一)知觉概念

人类生活在自然环境和社会环境的客观现实中,而客观现实永远在发展变化。这些变化事物的个别属性不断地作用于我们的各种感官,而我们对这些属性的反映是根据自己的需要来选取的,我们选取的各种感觉信息一经通过各感官传到大脑,并经过大脑的"组合",随之产生了知觉。

知觉是直接作用于感官的客观事物的整体在人脑中的反映,是较感觉复杂而深入的心理过程。例如,我们感觉到苹果色彩、味道、冷热和软硬时,我们也看到了它的大小、形状以及它所处的位置。这时我们对苹果有了一个整体印象,这个整体印象就是综合了以上各方面的个别属性的基础上而获得的,即形成了我们对苹果的知觉。

(二)知觉特性

人对于客观事物能够迅速获得清晰的感知,这与知觉所具有的基本特性是分不开的。人的知觉活动表现出以下四种基本特性:

1. 选择性

人所处的环境复杂多样。在某一瞬间,人不可能对众多事物进行感知,而总是有选择地把某一事物作为知觉对象,与此同时把其他事物作为知觉背景,这就是选择性。分化对象和背景的选择性是知觉最基本的特性,背景往往衬托着、弥漫着、扩展着,对象往往轮廓分明、结构完整。

知觉的对象从背景中分离,与注意的选择性有关。当注意指向某种事物的时候,这种事物便成为知觉的对象,而其他事物便成为知觉的背景。当注意从一个对象转向另一个对象时,原来的知觉对象就成为背景,而原来的背景转化为知觉的对象。因此,注意选择性的规律同时也就是知觉对象从背景中分离的规律。

有时人可以依据自身目的进行调整,使对象和背景互换,例如双关图(图6-1)中的少女与老妪、花瓶与人脸。选择这一部分作为对象时,图片的内容是少女、花瓶;选择另一部分作为对象时,图片的内容是老妪、人脸。

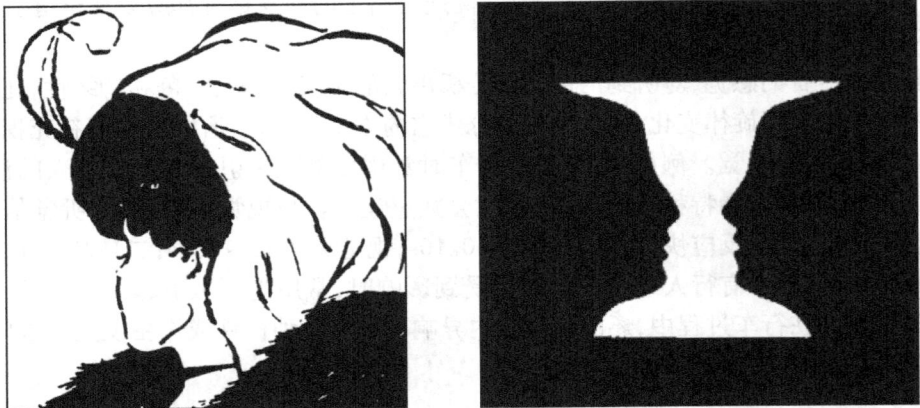

图6-1 双关图

2. 整体性

知觉的对象都是由不同属性的许多部分组成的,人们在知觉它时却能依据以往经验组成一个整体。知觉的这一特性就是知觉的整体性(或完整性)。例如,一株绿树上开有红花,绿叶是一部分刺激,红花也是一部分刺激,我们将红花绿叶合起来,在心理上所得的美感知觉,超过了红与绿两种物理属性之和。

知觉对象作为一个整体,不是各部分的机械堆砌,对一个事物的知觉取决于它的关键性的强的部分,非关键性的弱的部分一般被掩蔽。如一首歌,无论是男高音唱,还是女高音唱,是童声唱,还是老人唱,人们都会把它知觉为同一首歌;一旦改变其旋律或歌词,就会成为另一首歌。在这里,不同的音色、音调不是决定一首歌的关键性的部分,只有歌曲的旋律和歌词才是决定一首歌的根本因素。人们怎样才能从诸多的属性中识别关键性的部分,从而准确把握知觉对象呢?这与人的知识经验有关。知识经验越丰富,越能识别出事物的关键性特征,从而精确地把握知觉对象。小学生知识经验有限,为提高他们的知觉效能,教师应指点他们在观察事物时,把注意力放在事物关键性的特征上。例如,对三角形的认识,其关键部分就是有三条边构成三个角,其他都不影响对三角形的知觉。

3. 理解性

知觉的理解性是指在知觉过程中,人用过去所获得的有关知识经验,对感知对象进行加工理解,并以概念的形式标示出来。其实质是旧经验与新刺激建立多维度、多层次的联系,以保证理解的全面和深刻。在理解过程中,知识经验是关键。例如,面对一张 X 光片,不懂医学的人很难知觉到有用的信息,而放射科的医师却能获知病变与否。教师也应通过言语启发,提供线索,帮助学生提取知识经验,组织知觉信息。

知觉的理解性与知觉的选择性、整体性有密切的关系:一是理解有助于选择,理解帮助知觉对象从背景中分离出来,如鲁宾双关图。二是理解有助于知觉的整体性。人们对于自己熟悉的东西,容易当成一个整体来感知,但在面对不熟悉的事物时,知觉的整体性常常受到破坏,但正是理解帮助人们把缺少的部分补充起来,如不完整的图形、不完整的句子。

4. 恒常性

当知觉条件发生变化时,知觉的印象仍然保持相对不变,这就是知觉的恒常性。在视知觉中,知觉的恒常性十分明显。

视知觉的恒常性包括大小恒常、形状恒常、亮度恒常、颜色恒常。从不同的角度看同一扇门,视网膜上的投影形状并不相同,但人们仍然把它知觉为同一扇门,这是形状恒常性。一个人由近及远而去,在视网膜上的成像是越来越小的,但是人们并不会认为这人在慢慢变小,这是大小恒常性。煤块在日光下反射的光亮是白墙在月色下反射的光量的 5 万倍,但看上去我们仍然认为煤是黑的,墙是白的,这是明度恒常性。家具在不同灯光的照明下颜色发生了变化,但人对它颜色的知觉保持不变,这就是颜色恒常性。

恒常性使人在不同的条件下,仍然产生近似实际的正确认识,这对正常的生活与工作是必要的。

(三)知觉类别

知觉是多种分析器协同活动的结果。根据何种分析器在知觉过程中占主导地位,可以将知觉分为视知觉、听知觉、嗅知觉、味知觉等;根据人脑所认识的事物特性,可以把知觉分为空间知觉、时间知觉和运动知觉。空间知觉处理物体的大小、形状、方位和距离的信息;时间知觉处理事物的延续性和顺序性的信息;运动知觉处理物体在空间的位移等信息。知觉还有一种特殊的形态叫错误知觉。

1. 空间知觉

空间知觉是人脑对物体的空间特征的反映,包括形状知觉、大小知觉、方位知觉、距离知觉等。空间知觉在人与周围环境的相互作用中有重要作用。一个人不能认识物体的形状、大小、方位、距离等空间特征,就不能正常地生活。

空间知觉是通过后天学习获得的,它是由视觉、触觉、动觉等多种感觉系统协同活动的结果,其中视觉起着主要的作用。

空间知觉在驾驶人与道路环境的相互关系中起着重要作用。因为行车中,驾驶人要随时了解道路几何形状、其他交通工具的大小、距离和方向等情况,以便正确处理驾驶中出现的问题。例如超车,要安全地完成超车,驾驶人必须正确地估计自己车辆的速度、与被超车之间的相对速度、与对面来车的距离,以便掌握超车时机;对于驾驶人来讲,道路几何形状和车速的错误知觉都是很危险的。低估弯道曲率和车速都可能引起交通事故。驾驶人在驾车的运行过程中,既要确定目标的形状大小、位置和相对距离,同时还要分析周围物体的位置,这是一种综合与特殊的能力表现。

2. 时间知觉

时间知觉是人对客观现象延续性和顺序性的反映。时间知觉有四种形式：

（1）对时间的分辨。例如，先吃饭，再午休，接着去开车，能够按时间顺序把这些活动区别开来，就是对时间的分辨。

（2）对时间的确认。例如，知道今年是 2017 年，去年是 2016 年等。

（3）对持续时间的估量。例如，知道这节课已上了一刻钟了，这门课程已开了两个月了等。

（4）对时间的预测。例如，知道再有十天就要参加英语等级考试了，两个月后就是寒假等。

在时间知觉中，人的估计误差和个别差异很大。一般而言，人对于 1s 左右的时间估计最准确，短于 1s 的时间常被高估，长于 1s 的时间常被低估。同时，时间知觉的个体差异也十分明显，有经验的运动员能以精确的时间感来控制动作的节奏，有经验的教师能准确地把握授课的时间分配和教学进度。

3. 运动知觉

运动知觉是人脑对物体空间位移的知觉。物体的运动总是在一定的时间和一定的空间中进行的，因此，运动知觉跟空间知觉、时间知觉有着不可分割的联系。

运动知觉对动物和人的适应性行为有重要意义。它为动物提供了猎物和天敌来临的信号，猫捉老鼠、虎捕小鹿，成功的捕食依赖于对猎物运动速度的正确知觉。它也为人类正常的生活与工作提供了前提条件。例如，行人穿越马路，既要估计来往车辆的距离，也要估计它们行驶的速度；球场上的接球与传球，也都离不开对物体运动速度的正确估计。运动知觉也是通过多种分析器协同活动实现的，并且十分复杂，实际运动的物体可以被知觉为运动的，实际不动的物体也可以被知觉为运动的。

4. 错误知觉

错误知觉简称错觉，是在特定条件下产生的对客观事物的歪曲知觉。错觉具体是指不符合客观实际的知觉，包括几何图形错觉（高估错觉、对比错觉、线条干扰错觉）、时间错觉、运动错觉、空间错觉以及光渗错觉、整体影响部分的错觉、声音方位错觉、形重错觉、触觉错觉等。

错觉是对客观事物的一种不正确的、歪曲的知觉。错觉可以发生在视觉方面，也可以发生在其他知觉方面。如当你掂量 1kg 棉花和 1kg 铁块时，你会感到铁块重，这是形重错觉；当你坐在正在开着的火车上，看车窗外的树木时，会以为树木在移动，这是运动错觉等。

由于受生理、心理、年龄、身体条件及行车环境等诸多因素的影响，驾驶人在行车中往往会产生各种各样的错觉，导致错误操作而造成险情。因此，驾驶人（特别是新手）应了解这些易引起错觉的特性，并在行车中加以预防，才能保证行车安全。

（1）距离错觉。

驾驶人对距离的判断通常存在较大误差，很多超车时发生的正面碰撞事故就是由于驾驶人对距离判断错误造成的。对于路上各种类型的车辆，驾驶人有时会对来车的车长、会车间距、跟车距离产生错觉，使会车的距离不够和跟车的距离过近而导致事故的发生。常见的有：同样距离，白天看起来近，而在夜间较昏暗时感觉远；前面是大车时感觉距离近，是小车时感觉距离远。

（2）速度错觉。

行车过程中,驾驶人大多是根据观察到的景物移动作参照物来估计车速的,并不是完全依靠车辆自身车速表的指示针来判断。路边景物多时易高估车速,景物少时易低估车速。长时间以某一速度行驶后会对该速度产生适应,对其余速度易于错估,特别是误将高速低估是非常危险的。机动车从郊区驶进城区易发生追尾撞车事故,就是这个原因。

（3）弯度错觉。

驾驶人在公路上行驶的快慢,经常随公路的弯度而改变,变速的程度不同也会造成错觉。一般对于未超过半圆的圆弧,驾驶人往往感觉到的曲率半径总是比实际的小,圆弧的长度越短,越感到曲率半径小。在连续转弯的山道上行驶,驾驶人会感到山区比平地容易转弯,所以在行驶中高速连续急转弯是很危险的。

（4）颜色错觉。

在市区等交通复杂路段,周围景物五颜六色,相互交错,容易分散驾驶人的注意力,特别是夜间,容易将路口红绿灯当成霓虹灯;把停驶车辆的尾灯当成行驶车辆的尾灯;把前车的紧急制动灯错看成尾灯等。另外,夏季戴墨色太阳镜时易将浅色物体"滤"掉,产生错觉。

（5）光线错觉。

太阳反射物体的亮光、车头迎光、夜间远光灯强光等会使驾驶人的视觉一时难以适应,如平头车的明亮车窗、阳光下路旁树木交替变换的阴影、原野上积雪的反光、进出隧道时光线的变化等,都容易使驾驶人产生眩晕,形成光线错觉,从而导致操作失误。

（6）车体错觉。

驾驶人对车体的感知包括车辆处在静止和运动两种状态的错误感知。通常驾驶人对处于静止状态的车辆的感知更为准确一些。在行车中,驾驶人具备了对车体的感知,尤其是对处于运动状态车辆的感知,才能准确估计车辆在每一运动状态时所处的空间相对位置,才能正确选择安全通过道路空间,而避免行车中出现车体或货物与外界障碍物相剐蹭,达到安全行车的目的。由于驾驶人车体错觉,往往造成会、超车剐蹭,转弯时掉轮、车体剐蹭,通过桥洞、隧道时车顶与其相剐蹭等交通事故。

三、驾驶人的视知觉

视觉与视知觉人能根据眼睛获得的视觉信息进行加工和解释,从而更深刻地认识客观事物,这就是人的视知觉能力。例如当汽车在山区弯道上行驶时,由于山坡的遮挡,驾驶人眼睛看到的只是弯道的一部分,但驾驶人根据自己经验知道,道路并非到此为止,而是继续向前延伸。这样,驾驶人通过自己的视知觉,对山区弯道这一客观事物有了全面的认识。虽然每个人都具有视知觉能力,但由于处境以及生活经验、兴趣爱好等不同,不同人对于同一视觉住处的加工和解释可能有所不同,因而产生出不同的视知觉。驾驶人的视知觉具有如下特点:

（1）优先知觉自己关心的、想要注意的事物,例如驾驶人很容易发现在前面行驶的自己同伴的汽车。

（2）容易知觉曾有过亲身体验的事物,例如行车中曾见过同方向行驶的自行车截头猛拐,以后对同方向行驶的自行车便格外注意。

（3）对于外界事物容易按照自己设想的方向去知觉,例如在路口前看见前车向左侧靠,便认为前车想要左转弯,而实际上前车很可能是在为右转弯做准备。

（4）对于自己认为关系重大的事物容易知觉,例如在路口转弯时,有的驾驶人只注意其他的机动车辆而忽视了行人。

（5）对于移动的、变化的事物容易知觉,例如闪烁的灯光比亮度不变的灯光更容易引起注意。

第二节　驾驶人的危险知觉的检测

一、危险知觉

在交通中,危险是道路环境的有机组成部分,危险情况下,个体陷入事故的概率更高。危险知觉指的是对潜在危险的发现、识别、反应过程。驾驶人危险知觉是特指驾驶员观察交通环境,能够预测和识别潜在的危险,并对突然出现的危险做出快速锁定和反应的能力,包括危险识别、危险评估和危险反应三个阶段。国内外研究发现,危险知觉与交通事故之间关系密切,危险知觉能够预测交通事故,并能够成功区分新手驾驶人和有经验的驾驶人。一般而言,驾驶人如果对潜在危险的识别水平越高,事故发生的可能性则越低。

二、危险知觉的机制

研究发现,在真实驾驶操作中,驾驶人对潜在道路危险的加工水平,决定了他们驾驶行为的安全性。如果驾驶人对潜在道路危险的加工机制不畅,就会影响驾驶决策的正确性,进而影响整个驾驶行为的实现,并有可能导致交通事故。

驾驶人危险知觉的加工机制具体是怎样的呢? 研究者 Grayson 等人于 2003 年首次对危险知觉进行了全面系统的研究。他们指出危险知觉包括四个过程:危险识别、危险评估、行为选择及行为执行。驾驶人在识别潜在危险后,会评估危险的等级程度和筛选可行的行为策略,最后执行行为以应对潜在危险。该机制模型强调危险评估与行为选择的同时性,重视信息的反馈。同样,研究者 Wetton 等人于 2010 年指出,危险知觉包括三个过程:危险识别、危险评估及行为反应。他们认为,危险知觉采用串行加工机制,每个加工阶段具有不同的特点。任何一个阶段加工不畅都会影响驾驶人危险知觉的整体水平。

三、危险知觉的检测

危险知觉能力同交通事故的发生有着紧密的关系。目前,情境实验法是危险知觉流行的研究范式:主试给被试呈现从驾驶人的角度拍摄的交通情景画面,并要求被试鉴别他们是否发现了潜在的交通危险,被试可以通过以下方式反映:移动反应把手;使用触摸屏;按压反应键。1964 年,研究者 Spicer 最早利用情境实验法研究危险知觉,他创造性地利用真实动态的交通情境来测量驾驶人的危险知觉能力。在每个场景中,被试从一个清单列表中选择他们认为在此情境中重要的一些特征。研究者发现,在识别情景中一些必要的特征方面,事故组比非事故组的反应更不准确。

根据情境实验,研究者所采集的因变量指标不同,危险知觉的检测方法有:主观评估和自我报告方法、反应时测量方法、眼动测量方法。

(一)主观评估和自我报告方法

把交通场景中的危险信息评定为安全的被试,往往涉及更多的交通事故。研究者让被试对不同的交通场景图片进行分类。结果发现,新手对真实的危险评估更高(如前方有行人过马路),而有经验的驾驶人对潜在的危险评价更高(如跟前车的车距很近)。对于潜在的危险,例如大雾天,有经验的驾驶人比新手对危险的评定更高。但是,一些研究表明驾驶人对危险的等级评估与驾驶人对危险的反应时之间没有关系。例如研究者让三组被试(经验组、未经训练的新手组、经过训练的新手组)对不同的交通场景视频进行评估,结果发现,三组没有显著差异。通过给被试呈现一组图片,每张图片只呈现3s时间。3s后,被试需要对刚才呈现的图片进行危险等级评定。结果表明:有经验的驾驶人和新手对包含有明显危险的图片的评估没有差异,两组被试对包含有潜在危险的图片的评估存在差异。危险评估不需要驾驶人立即做出判断,没有时间限制。即使经验水平有所不同,新手和有经验的驾驶人对同一个场景的危险进行的评估有可能是一样的。但是有经验的驾驶人在限时任务中,做出决定的时间更短。

(二)反应时测量方法

研究者假设,反应时指标同驾驶人对道路上的危险信息权重相关,如果驾驶人觉得某个刺激非常危险,往往能对其快速反应。因此,研究者设置驾驶情境,呈现危险刺激,通过采集被试的平均反应时间来测量危险知觉能力。根据被试的反应方式不同,反应时测量法可以分为三种:

1. 操作杆反应

要求被试在观看交通视频(从驾驶人的视角拍摄)时,通过移动操作杆来表示他是否感到安全。在视频中的某一时刻会出现危险,被试的任务就是觉察危险。当出现危险时,被试需要移动操作杆并把它指向不安全的位置,来表示他觉察到了危险。结果表明:无交通事故史的驾驶人比有过交通事故但没有判刑的驾驶人快500ms,比有过交通事故且判过刑的驾驶人快1200ms。

2. 反应键反应

有研究认为,危险知觉的测试没有必要模仿驾驶任务的所有成分。基于这种理念,研发了一种危险知觉的测试,认定危险知觉任务的关键部分是对场景的视觉。因此,在测试中,给被试呈现刺激的装置(例如,把被试放在模拟的汽车里)是没有必要的。在测试中,被试仅坐在电视屏幕前,只要觉察到交通场景视频中的危险,就按下反应键,越快越好。这种测试成本很低而且实施简单,可以进行大规模测试,并将其纳入驾照考核中。试验表明,恒定年龄和行程英里数的影响后,近两年内有较多交通事故的被试在危险知觉测试上的表现比较差。过去的危险知觉测试往往只在一块屏幕上给被试呈现拍摄的道路情况,而在相关研究中,研究者给被试呈现三块屏幕:中间屏幕、两边相邻的但与中间屏幕呈一定视角的屏幕。

测试中,道路中的危险不仅仅在前方,有时还在侧面或后面。当被试觉察到潜在的危险时就按下反应键。试验结果表明:被试对中间屏幕中央的危险反应最快,对两边屏幕中央的危险反应稍慢,而对第一次出现在两边屏幕边缘的危险反应最慢;此外,在三块屏幕上,对危险的反应时间要比在单个屏幕上对危险的反应时间短。这个试验能够启示我们:如果能够给驾驶人提供更为广阔的驾驶视野,包括各种引发危险的环境线索等,会提高驾驶人对危险的识别能力。

3. 触屏反应

过去的危险知觉测试普遍存在一个问题,被试通过按键做即时反应,但被试究竟是对哪部分危险区域进行反应却不清楚,因此发展了一套测试,要求被试用鼠标在屏幕上点击"危险"。这样,测试结果既有时间反应的记录,又有空间反应的记录。因此,这种方法降低了反应目标的模糊性。由于,一些计算机水平低的驾驶人用鼠标操作有困难,尤其是老年驾驶人。由此也有研究者发明了用触摸屏幕的方式取代鼠标点击的方式解决了这一难题。

(三)眼动测量方法

使用眼动测量方法,我们可以从总注视时间、瞳孔直径、注视次数、凝视次数四个眼动指标评定驾驶人的危险知觉。眼动指标的研究更加细化了驾驶人心理加工的过程,更加准确地探索新手驾驶人和有经验驾驶人各种差异的具体机制,并为驾驶人培训提供参考依据。研究者利用眼部追踪仪发现,相比老年驾驶人和有经验的驾驶人,年轻驾驶人道路扫描的区域范围更小。在真实的危险场景下,相比有经验的驾驶人,新手驾驶人对路面的注视时间更长。眼动研究还能够评估驾驶人在每天的驾驶中,尤其是在危险驾驶中,对交通情景中的具体细节的注视情况。研究者向新手驾驶人、有经验的驾驶人和警察驾驶人播放了从汽车内部拍摄的正常的、追逐的和紧急反应时的视频片段,并从 11 个方面记录了被试的眼动情况(如对前方车辆的注视),结果发现新手驾驶人更少注视静止车辆、行人、匝道,但是他们对摩托车驾驶人和骑自行者的注视却比有经验的驾驶人多。

综上所述,通过模拟交通情境让被试进行反应的方法是目前危险知觉测试的主要方法。把反应时和眼动指标结合起来研究,并在试验后了解被试对危险的主观评估,是目前研究者认为最可靠的一种研究程序。例如,研究者将眼动和反应时的方法结合起来测量危险知觉,将反应时分为首次注视点之前的反应时和之后的反应时。结果表明,在视觉加工阶段(危险区域内首次注视点之前),新手驾驶人和有经验驾驶人的反应时没有差异;而在认知加工阶段(首次注视点之后),有经验驾驶人的反应时更短。

第三节　驾驶人危险知觉的影响因素

一、人口统计学信息

(一)年龄

驾驶人年龄与危险知觉反应时之间是一个"U"形曲线关系。一般而言,25 岁以下驾驶人的危险知觉反应时长,随着驾驶经验的增加,反应时变短,并在 45～54 岁达到稳定。25 岁以下的驾驶人与 55 岁以上的驾驶人的平均反应时间相似。研究发现,新手驾驶人,尤其是年轻新手驾驶人的危险知觉能力相对较弱,他们欠缺驾驶经验,在驾驶操纵中也缺乏有效的视觉搜索策略,因此导致他们搜索、识别和加工潜在道路危险的时间较长,引发交通事故的可能性较大。老年驾驶人则是受同年龄有关的衰退(如认知、视听觉)的影响,危险知觉反应时因此也较长。

年轻新手驾驶人更容易发生交通事故,很多危险感知的研究都以此类人群为研究对象。已有研究发现,年轻驾驶新手的危险感知水平普遍低于有经验的驾驶人。年轻新手对车速和车距的判别通常存在偏差,在注意力的转移和分配、有效使用后视镜等策略上差于有经验者,因此,年轻新手在感知危险并采取应对策略上缺乏及时性和有效性。

(二)性别

年轻驾驶人对自己的行车安全性、驾驶技能和可能发生事故的概率持乐观态度。男性驾驶人通常都会低估潜在的交通危险,却高估自己的驾驶技能,也从另一个方面解释了男性比女性更容易发生交通事故的原因。

研究发现,女性驾驶人的危险知觉能力比男性驾驶人好。新手男性驾驶人比新手女性驾驶人和男性有经验驾驶人的危险知觉反应时长。这可能是因为,男性驾驶人对自己的驾驶技能过度自信,导致他们的危险知觉能力实际表现较差。但是也有研究发现,性别与危险知觉之间没有关系。这可能是因为,男性驾驶人的事故率要高于女性,而且研究中男性驾驶人的样本人数往往多于女性驾驶人的样本人数。

二、驾驶经验

年龄与驾驶经验对危险知觉的影响是各自独立的。不同年龄的驾驶人,驾驶经验越丰富,危险知觉反应时越短。新手驾驶人比有经验驾驶人的危险知觉反应时长。随着驾驶经验的增加,新手的危险知觉能力逐步提高。新手不太可能鉴别出交通情境中的危险并作出相应的行为反应。同有经验驾驶人相比,新手也很少注意交通情境中出现危险的关键区域。此外,驾驶经验因人而异,驾驶经验对危险知觉的影响可能是通过调节其他变量来实现的。

例如驾驶人的困倦对新手的危险知觉能力影响较大,而中等水平的困倦对有经验驾驶人的危险知觉能力却没有影响。另外,研究发现,新手驾驶人发现危险比较慢,他们比有经验的驾驶人发现的危险也少。例如,在接近交叉路口时,年龄较大驾驶人和有经验的驾驶人对岔道的右侧会注意更多,而年轻的、无经验的驾驶人则直接注视前方,对来自岔道上的汽车注视较少。

总体上,新手会注意环境中不重要的细节。有经验的驾驶人对交通环境有一个整体知觉,而年轻的无经验的驾驶人对一个情景的危险水平的评估则是基于单个维度。新手往往更关注危险本身,对交通情境中危险的知觉缺乏整体性,对道路交通情况的变化不敏感,缺乏为避免危险而采取某种驾驶措施准备。

三、自我评价

人们的驾驶技术虽有差异,但是大多驾驶人都表现出较大自信,认为自己驾驶技术比别人强,特别是在危险识别上。驾驶人越自信,在驾驶时越觉得安全,他们将驾驶技术等同于安全。虽然良好的危险识别能力同安全有关,但没有证据显示驾驶技术同事故率有任何明显关系。所以,驾驶人的驾驶技术并不能绝对保障安全。而且,研究者还发现,飙车驾驶人有良好的驾驶技术,但在普通公路上,他们的事故发生率比控制组的普通驾驶人更高。

研究者比较了澳大利亚和芬兰学生在驾驶技术量表上的反应情况。他们要求学生评估自己驾驶能力,结果显示:那些认为自己驾驶技术好的人通常危险驾驶行为更多。研究认为,可能有两种驾驶风格:一种是技术型的——对自己的驾驶技术很自信;另一种是安全型的——更看重自己行车的安全性。在澳大利亚和芬兰的学生中都发现:自我认定的驾驶技术水平同速度成正相关,由于速度同事故危险性相联系,于是,那些强调自己驾驶技术好的人,很容易发生事故。

四、心理因素

驾驶人人格特点不同,对危险的知觉能力不同。无论是新手还是有经验驾驶人,场独立性驾驶人的危险知觉能力比场依存性驾驶人好。研究发现,驾驶人感觉寻求、攻击特质及内外控倾向三个方面对安全驾驶行为影响显著,导致交通事故的可能性较大。焦虑性、利他性高的驾驶人,危险知觉能力较好;无规范性、攻击性水平高的驾驶人,危险知觉能力较差。在以后的研究中,学者应积极关注不同人格特质所导致的驾驶风格的差异对危险知觉的影响,以期从驾驶行为的整合角度对驾驶人的危险知觉能力做出评定。

第四节　驾驶人危险感知能力的改善

一、危险知觉的检测

虽然事故与很多偶然因素有关,但危险知觉确实和很多事故有着密切的关系。目前,欧洲和澳大利亚的危险知觉测试已经成为驾驶人考取驾驶执照的一部分了。有证据表明,对于不同的道路使用者设计不同的危险知觉测试可能更有效,例如针对摩托车驾驶人的测试。

除研究领域之外,危险知觉测试在评估驾驶人方面有了广泛的实际用处。在欧洲和澳大利亚的一些州,危险知觉测试已经成为官方驾驶人测试中的强制性部分了。对涉及交通和培训课程有效性之间的关系研究可以发现,这些关系因素会影响道路安全性,而传统驾驶测试来预测交通事故是有局限性的。目前我国国内还未开发出适合本国国情的危险知觉测试系统。原因可能在于我国的交通法规、道路设计以及一些道路状况和国外有很大的不同。另外,我国驾驶人群体的驾驶风格和驾驶技能也有自身的独特性。因此,国内研究机构可以借鉴国外的研究成果,开发出适合我国驾驶人和本国道路情况的危险知觉测试。基于危险知觉测试与交通事故的关系,将来我国也应该考虑将危险知觉测试强制性的纳入驾驶人驾照考核系统。这样才能最有效地提高驾驶人的安全能力,最大限度地预防交通事故的发生。

二、危险知觉的训练

对驾驶员的危险知觉能力的训练主要有三个方面:减少危险反应时,提高危险预期能力,改善危险视觉搜索模式。研究者 Regan 等人开发了一个电脑训练程序,该程序采用照片和视频,在视觉搜索、危险预测、安全决策这些方面训练被试,被试在驾驶模拟器中对自己的表现做出评价。训练有效提高了被试在驾驶模拟器中的表现。

(一)减少危险反应时

只要参加过包含有危险知觉能力训练的高级驾驶培训课程,不论实验组是有经验的警察,还是普通市民,都比对照组更快地识别出危险。研究也发现,相比那些没有参加过危险预期能力训练的新手驾驶人,参加过训练的新手驾驶人对危险的识别速度更快,反应时会更短。研究者 McKenna 等人通过试验,收集了驾驶人在训练中预期具体危险的反应时信息。视频呈现一位驾驶指导员介绍安全驾驶技术,要求受训组驾驶员观看 21min,并做笔记;非受训组的驾驶人观看同样的视频,但不需评论,也不要求做笔记。然后要求两组被试观看同一视频,并在看到潜在危险时,按键做反应。结果表明,受训驾驶人的反应时间要明显快于未受训的驾驶人。

(二)提高危险预测能力

研究证明,年轻驾驶人事故率过高的一个原因是,他们对包含有潜在危险的路面信息的扫描程度不够。目前,交通心理学研究的主要目标,就是编制一套解决这个问题的程序,并对程序评估。基本假设是:基于 PC 技术的危险预期训练,会提高年轻驾驶人对开阔路面潜在危险的扫描。为了验证这个假设,研究者测量了 12 个受过训练和 12 个没有受过训练的驾驶人,在当地主干道和支线上行车时的眼动信息。总的来说,受过训练的驾驶人更可能注视那些能减少行车危险的路面信息,而没有受过训练的驾驶人对路面危险信息的注视比例只有 37.4%。即使是在其他路面上做对比,这种效果也很显著。所以加强对年轻驾驶人的培训,提高他们的危险预期能力十分必要。

研究者 Mekenna 等人开发了一套训练软件,内容包括:让驾驶人观看交通场景的视频,鼓励他们看得远一些。在不同的时间点,视频被暂停,要求驾驶人预测接下来可能会发生什么。结果发现,训练之后,他的危险知觉水平提高了。也有研究者使用室内和室外训练结合的方式。在室内训练中,通过录制的交通场景,教练指导被试如何识别危险。教练强调驾驶人要往前看,扫视关键区域,预测危险。在外训练中,进行一对一的指导,在驾驶人驾驶时教练做出评论。这两种技术都能显著提高被试的危险知觉能力。训练之后,教练对被试的路面表现的评价也得到提高。此外,在新手驾驶或观看道路交通场景视频时,要求他们做语言性的评论,这种方法效果显著。新手说出他们要看的地方和他们正在搜索哪些道路使用者和潜在的危险。该方法的目的是迫使新手驾驶人前瞻性地进入一种驾驶情境,促进心理模型更加精确和完善,以提高对道路危险的预测能力。研究发现,在培训初期之后的一周会有明显的效果。

（三）改善危险视觉搜索模式

在一项包含 16 个交通场景的研究中,初学者对交通场景中关键部分的扫描范围为 35.1%,19~29 岁的驾驶人为 50.3%,而 60~75 岁的驾驶人为 66.2%。在相同的交通场景中,对驾驶人行为的测量也表明,年轻驾驶人对危险做出的反应措施不及经验驾驶人做出的反应措施,这可能是因为年轻驾驶人没有在第一时间内识别出危险。对一份有 2000 例交通碰撞事故的警察报告的研究表明,年轻驾驶人(16~19 岁)的事故原因,主要是对关键的路面信息扫描失败造成的,对路面信息扫描失败导致了 43% 的碰撞事故。

通过训练课程可以改善驾驶人对包含有危险的道路信息的扫描模式,并以此来减少碰撞事故和死亡率。目前英国、澳大利亚的、美国已经有很多这样的训练课程。研究者 Chapman 等人针对驾驶人的危险预期计划和策略分别开发了一套训练课程。"计划"指独立于特定场景的一般化的眼动模式,是一种宽广迅速的视觉搜索模式,被经验驾驶人广泛使用,受到驾驶教练的推荐。研究发现该搜索模式能够降低碰撞事故的数量。"策略"指在特定时间、特定交通场景中的眼动模式,这种模式向驾驶人提供交通危险的信息,降低事故风险。为了训练驾驶人的危险预期计划和策略,要求被试观看一部包含潜在危险的视频,同时要求他们以作任务的方式来练习视觉搜索策略,并通过预期危险来让驾驶人自己洞悉这个场景中含有的潜在危险。

在危险情境视频评估中,受训驾驶人的注视时间长度减少,注视水平范围扩大。这得益于危险预期计划(受训驾驶人视觉搜索更广更迅速)的一般性改变,以及预期策略(受训驾驶员能更好地预期危险,并且识别危险的时间更短)的具体改变。在真实道路情景评估中,他们发现训练对注视时间没有影响,但是他们的水平扫描范围更宽广了。对危险知觉训练的评价危险知觉能力能够预测交通碰撞事故率,随着驾驶经验的增加而提高,很容易因训练而得到提高。但并不是所有的危险知觉训练都是成功的。

检验评估

1. 感觉和知觉分别指的是什么?
2. 按照感受器的不同,感觉可以分为哪几类?
3. 人的知觉活动有哪几种基本特性?
4. 空间知的定义是什么?
5. 时间知觉有哪几种形式?
6. 驾驶人应该了解哪几种错觉?
7. 简述驾驶人的视知觉特点。
8. 简述危险知觉的检测方法。
9. 危险知觉的影响因素有哪些?
10. 如何改善驾驶人的危险知觉能力?

第七章 驾驶人的判断与决策能力训练

学习目标

1. 了解驾驶判断和决策概念。
2. 熟知驾驶人判断和决策模式。
3. 熟练掌握驾驶判断和决策的影响因素。
4. 熟练运用驾驶判断与决策的改善方法。

案例分析

美国印第安大学的研究证实,至少有92.6%的交通事故与人的因素有关。其他许多研究的结果与该结论一致:芬兰调查显示,89%的交通事故中,主要原因是驾驶人的错误;德国研究表明,77%的交通事故是由驾驶人造成;日本学者指出,66%的交通肇事与驾驶人有关;中国官方资料报告指出,70%的交通事故是驾驶人责任。其原因在于:人是道路交通系统中相对最不稳定的因素,人的生理、心理随着时空的改变表现出潜在的易变性和波动性。而因驾驶人的原因导致交通事故的案例中,新手占15%。驾驶人是人—车—路系统的主体,其个人因素将决定驾驶行为的质量,各种直接原因(如注意不当、反应迟钝、超速行驶、疏忽、措施不当等)和间接原因(如酒精中毒、药物损伤、缺乏经验等)都会影响交通安全。

研究普遍认为:大约90%的交通事故是由于驾驶人信息处理故障、缺乏警觉、技能低下等行为所引起的。驾驶人在判断、决策和操作过程中出现的任何失误都有导致交通事故的可能,因此掌握驾驶人判断与决策方面的相关知识和技能是十分必要的。

驾驶活动是驾驶人将中枢神经系统处理过后的信息依据判断、决策等,由神经肌肉系统实现实际操作的过程,从而实现在驾驶人—车辆—道路环境系统中对车辆的有效控制。这一过程中,驾驶人神经肌肉系统完成了对车辆运行的控制,而驾驶人的决策模式又受中枢神经系统的支配,这与驾驶人的个性特性、驾驶经验及从道路环境当中所获得的信息等有关。在事故前这种特殊的驾驶工况当中,驾驶人的操作行为更多地倾向于驾驶人自身的特性,特别是驾驶人自我保护的意识与能力。

第一节 驾驶人的信息判断处理概述

研究表明,驾驶人在紧急情况下会引起驾驶行为的不确定性,它使驾驶行为由有效操作性转变为本能控制性,即有意识地控制的驾驶行为。驾驶人的驾驶行为与驾驶情景差异的关联性程度是受驾驶人信息接收能力限制的,在差异不太大的情况下,驾驶人行为的表现具有一致性;在差异较大的情况下,驾驶行为与外界因素的联系将局限于某一特定的信息,其余的可以予以忽略。因此驾驶人在事故前瞬间的驾驶行为受多种因素影响,这些因素可能是道路环境方面的因素,可能是车辆本身的因素,也可能是驾驶人自身的因素。而驾驶人的信息处理依然需要经历信息感知、判断决策、动作执行这样的过程。驾驶人每一个动作过程所需要的反应时间是驾驶人本身固有的属性,它与驾驶人对行车环境的熟悉程度,驾驶人的驾驶经历、年龄、性别、气质、情绪等因素有关。

一、人的信息加工模式

(一)信息概念

信息,一般是指让人感觉到的外界刺激。人的驾驶行为是一个与驾驶期望相关的连续的信息处理过程,在不同的道路交通条件下,驾驶人所投入的注意力不同,处理相关道路交通信息量也不同,驾驶人处理的信息量直接反映了道路条件对驾驶人的影响。交通信息是行车过程中,驾驶人接收的与其安全行驶有关的外界刺激。影响驾驶人行车安全的信息是错综复杂的,驾驶人需要投入更多的注意力去处理相关交通信息,以保障自己的行车安全。按照信息来源,可分为以下几类:

(1)道路几何信息。包括道路宽度、线形、交叉口、车辆出入口、路面状况。

(2)车辆信息。包括本车的各种仪表、指示灯所表示的信息,其他机动车辆和非机动车辆占用道路、车速、移动方向等信息。

(3)环境信息。包括交通中明暗、照明条件等信息,道路两侧建筑物、广告、噪声等信息,标志标线,信号灯等。

(4)驾驶人自身信息。包括驾驶人对自我驾驶水平的认识,自我身体状况、心理状况的信息,驾驶人对自身当前驾驶行为的认识。

(二)人的信息加工系统

当代认知心理学认为,人脑是一个信息加工系统,当人处于清醒状态时,就会不断地对来自外部的刺激信息进行加工处理的活动。这个系统主要由感受器、感觉登记、模式识别、短时记忆和长时记忆组成,如图7-1所示。

眼、耳、鼻、舌、皮肤是人接收周围环境刺激与信息的器官,它们分别接收刺激信息并把它们转换为生物电能后进入人脑内作进一步的加工处理。输入人脑内的信息要得到进一步的加工处理,必须使信息能够在人脑中短暂保留一段时间。这种刚刚把接收到的信息短暂保留以便作进一步加工处理的结构就是感觉登记,它又被视为刺激信息的短暂保留系统。模式识别是介于感觉登记和短时记忆之间的信息加工处理阶段,是把进入人脑内的感觉信息与先前掌握的、储存在长时记忆系统中的信息进行匹配的过程,即为了辨识外界事物,对信息或刺激物进行转换和分析,以便能够纳入或扩展到人脑认知结构中的过程。通过模式识别过程,即在对刺激信息进行编码以后,刺激信息被传递到另一个系统:短时记忆。在短时记忆系统中的信息已经不再是某种纯粹的感知觉,而是以某种形式(意义、形状、视图像、声像等)被保存下来,并通过复述把信息向长时记忆系统转移、加工并保存。由于短时记忆系统加工处理后的信息传递到长时记忆系统,经过语义编码把信息长期保存在头脑中,成为个体关于客观世界的永久性知识。当外界环境的刺激信息,引起短时记忆系统的加工处理时,还从长时记忆中提取或检索相关的知识,以提供短时记忆加工处理信息使用。因此,储存在长时记忆系统中的信息,对个体识别客体并做出反应起着决定性作用。

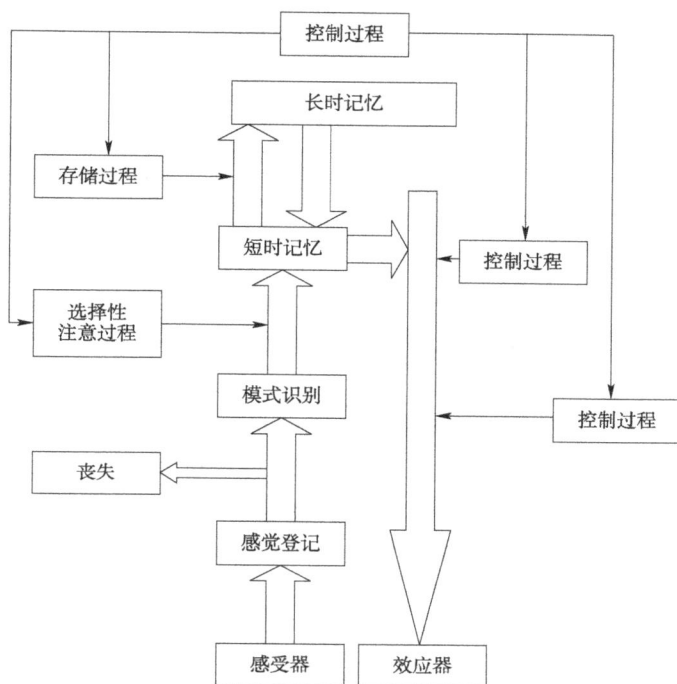

图 7-1　人的信息加工系统

二、驾驶人的信息判断处理

在驾驶活动当中,驾驶人、车辆、道路环境构成了驾驶人—车辆—道路环境闭环系统,在该系统中驾驶人是最主要的因素,对车辆的安全行驶起着主导作用,驾驶人在事故前瞬间的行为更是直接影响着事故的严重程度。因此,研究驾驶人的信息处理特性就必须从驾驶人的信息判断处理过程入手,深入分析驾驶人的操作特性,特别是事故前的驾驶人应急操作特性。

在车辆行驶过程中,驾驶人对车辆的控制是通过系统的信息处理过程实现的,驾驶行为是由信息感知、判断决策、动作执行所组成的不断重复的信息处理过程。在驾驶活动当中,驾驶人首先通过感觉器官接收来自外界的刺激,特别是与驾驶人驾驶相关的因素,如机动车、非机动车、道路环境、行人等交通信息,然后驾驶人将接收到的外部信息在经过判断和决策之后,依据自己的驾驶技能、驾驶风格对车辆的运动进行控制,使其行驶在自己期望的轨迹,从而使驾驶人—车辆—道路环境系统稳定、协调地运行,达到预期的目的。

驾驶人对车辆的控制是建立在直观和经验的基础之上的。驾驶人通过视觉、听觉、触觉等感觉器官获得车辆当前的行驶状态(速度、加速度等),道路状况,道路的交通状况以及周围的交通环境信息。驾驶人获得信息的过程就是认知的过程。驾驶人获得信息之后,将获得的信息通过感觉器官传达到驾驶人的大脑当中,筛选出与驾驶相关的信息,驾驶人对信息的筛选过程就是判断阶段。通常驾驶人对信息的认知与判断的综合过程称为感知阶段。驾驶人在采取有意识的避让行为之前都要经历一个感知阶段。引起驾驶人感知错误的因素是多方面的,可能是车速、车距、道路环境、驾驶人本身的状态或与其相关的其他干扰中的一个或某几个。

三、驾驶人的信息判断处理心理过程

驾驶人运用信息进行判断处理的过程,实际上就是加工处理信息的过程。从认知心理学的角度来说,人是信息加工系统,具体到驾驶行为,驾驶人将感知的信息经过大脑加工处理(分析判断的过程),然后通过神经系统的传导作用输出信息,再通过肌肉系统指挥、操纵、控制车辆。根据人体的结构,将人体划分为不同的子系统(感受系统、中枢神经、肌肉),考虑各个子系统特性与系统特性的内在联系,可给出视觉显示的驾驶人结构模型。为了使模型结构与人的实际结构相对应,将模型分为感受系统、中枢神经系统、神经肌肉系统,同时也表示了驾驶人信息处理的三个基本过程。部分系统的主要功能如下:

(1)中枢神经系统。

由于中枢神经系统复杂的结构形式和强大的信息联结纽带功能,其成为人体的重要组成机构之一,不仅可以接收来处不同渠道和不同类型的信息,而且可以对所接收到的信息进行简单的加工与处理,还可以将信息的处理结果通过一定的方式或命令通过执行机构给予实现,这表现为神经中枢系统的肌肉协调能力。除此之外,中枢神经系统还具备自学习的功能,即经验的记忆能力。

(2)神经肌肉系统。

神经肌肉系统是人类赖以生存、适应环境和改变环境的基础。科技的进步、社会的进步、人类的进步都与人类神经肌肉系统有着高度密切的关系,而且发挥了极其重要的作用。神经肌肉系统最根本的机能在于维持人体与外界环境的系统平衡,使人体能够适应不断变化的外界环境。驾驶人的驾驶行为就是一种自我调节自动平衡的控制过程,驾驶人的驾驶行为最终都是通过神经肌肉系统来实现的。

第二节　驾驶人的决策概述

"决策"一词的英语表述为 Decision Making,含义就是做出决定和选择。决策是人类社会自古就有的活动,决策科学化是在 20 世纪初开始形成的。随着决策理论与方法研究的深入与发展,决策渗透到社会经济、生活各个领域。而驾驶决策的研究也应运而生,它起源于人因工程学,其作为一种决策支持系统以计算机为工具,应用决策科学及有关学科的理论与方法,以人机交互方式辅助决策者解决半结构化和非结构化决策问题的信息系统。驾驶决策的正确性直接关系到道路交通安全。在决策过程中,驾驶行为经常受到人、车、路、环境等多源信息的刺激和作用,由于人的信息处理能力有限,驾驶人对多源信息无法同时实现输入与输出,以致有时不能准确、快速地做出决策,从而易引发交通事故。心理学的发展为研究驾驶决策提供了一个崭新的视角,研究者开始逐渐注重驾驶人的心理因素对驾驶行为的影响。

一、人的决策模式

（一）决策概念

一般来说,决策即对需要解决的事情做出决定。

决策涉及日常生活的各个方面,但是对于决策的定义,至今很难有一个统一的说法。

学者 Simon 认为,决策涉及对备选方案进行比较和评估的过程;决策是问题解决过程中的一个部分;问题解决是指对目标与手段的搜索、判断、评价直至最后选择的全部过程。该定义在管理学、行为决策学等领域影响最大,使用也最为广泛。

（二）决策分类

从不同角度,决策可以有许多分类方式:

1. 依据决策方法分类

（1）经验决策:是指决策者根据个人的知识、才干和经验做出的决策。经验决策是人们常用的,但只能用于简单问题的决策,重大而复杂的问题不宜采用经验决策。

（2）科学决策:是指决策者根据科学决策的理论、程序、方法、设备做出的决策。科学决策是决策重大、复杂问题必用的。但由于它的程序、方法比较复杂,一般而简单的问题不需用科学决策。经验决策和科学决策各有长处,相辅相成,互相渗透,因此,在决策时,行政领导者应当把两种方法结合起来。

2. 按决策作用分类

（1）战略决策:是指有关企业的发展方向的重大全局决策,由高层管理人员做出管理决策。为保证企业总体战略目标的实现而解决局部问题的重要决策,由中层管理人员做出。

（2）业务决策:是指基层管理人员为解决日常工作和作业任务中的问题所做的决策。

3. 按决策的性质分类

（1）程序化决策:即有关常规的、反复发生的问题的决策。

（2）非程序化决策:是指偶然发生的或首次出现而又较为重要的非重要复性决策。

4. 按决策问题的条件分类

（1）确定性决策:是指可供选择的方案中只有一种自然状态时的决策,即决策的条件是确定的。

（2）风险型决策:是指可供选择的方案中,存在两种或两种以上的自然状态,但每种自然状态所发生概率的大小是可以估计的。

（3）不确定型决策:指在可供选择的方案中存在两种或两种以上的自然状态,而且,这些自然状态所发生的概率是无法估计的。

（三）决策模型

1. 理性决策模型

理性决策模型,简称理性模型(Rational Modal)。理性决策模型起源于传统经济学的理论,传统经济学理论是以"经济人"的假设为前提的,也就是追求最大决策效益的人,舍弃了一些次要变量,使问题的分析得以简化,形成有效的分析框架,能用来解释经济中的诸多现象。理性决策模型主要代表理论是期望效价理论和主观期望效用理论。从理论角度而言,理性决策模型并非不可行,但是实际上,人类在大部分比较复杂的决策问题上表现出来的理性,都无法满足完全理性的要求。在现实的决策情形下,例如决策信息的不对称,决策者情绪对决策的影响,都会使常规性决策模型在解释现实的决策理论方面表现出不足。

2. 有限理性决策模型

有限理性模型是在理性决策模型不足和弊端上逐渐发展起来的。20 世纪 50 年代后,人们认识到"经济人"假说之上的完全理性决策理论只是一种理想模式,不可能指导实际中的决策。诺贝尔经济学奖得主 Simon 提出"有限理性"的概念,用"社会人"取代"经济人",认为人是有理性的,但他的理性是有限的。他的观点拓展了决策理论的研究领域,产生了新的理论——有限理性决策理论。其主要观点是:管理者可以理性地制定决策,但受限于自身获得信息的能力。由于他们都是在不完全信息条件下做出决策,因此管理者只能寻求满意的决策,而不是最佳的决策。有限理性决策模型是应用得最为广泛的决策模型。

3. 组织决策的政治过程模型

该模型实际上是有限理性的具体应用。在组织理论的实证性研究中,组织理论学者试图描述组织中客观存在的政治过程,并试图通过政治过程来解释决策过程。研究者们认为所有这些控制工具并不能够很好地有效地解决组织中的利益冲突问题,使得组织目标具有连贯性和一致性。他们主张将组织看成是一种由多种利益集团、小团体和子文化等组成的联盟。在组织决策中,行动并非按照某种预先期望的方式行动,而是"游戏"的各种参与者讨价还价的过程。

4. 渐进决策模型

渐进决策模型也是从批判理性决策模型入手的。该模型基本是保守的,它以现行的计划、政策、消费为基础。决策者既没有足够时间、智慧或经费,用以调查所有的政策方案,也无法在多种不同的政治、社会、经济和文化价值相互交错作用的情况下,评估出每一项方案的成本与利益。只能以接受以往政策为理由,只审查不至于造成自然、经济、组织和行政失调的方案。渐进决策模型从认识论与方法论的角度,具有一定的合理性。从认识论上讲,它在于以历史和现实的态度将决策的运行看成是一个前后衔接的不间断过程;从方法论上看,它注重事物变化的量的积累。以量变导致质变,主张通过不间断的修正,达到最终改变政策之目的。

(四)决策影响因素

影响决策的因素是多方面的,既有决策者自身的因素,也有环境方面的因素。

1. 决策者自身因素

(1)情绪。

情绪在决策中起着重要作用,是决定决策过程的非常重要的因素之一,是直觉决策的关键成分,也是风险型决策的基本要素。积极情绪状态的决策者有规避损失的倾向,而消极情绪状态的决策者会有风险寻求倾向。当决策者有较为强烈而持续的情绪反应,在决策中更为情绪主导,更多依赖直觉进行决策。

（2）认知。

人们在判断与决策过程中经常会出现"过分自信"，认为自己判断正确的概率通常高于实际的概率值。而"过分自信"是决策判断中普遍存在的一种认知偏差。过分自信的决策者将决策建立在失真的假定之上，无法做出合理的决策，从而影响决策的质量。人们总是从过去的经验中不断学习，但是，经验带给决策者的似乎更多的是决策的"代表性"偏差和"易得性"偏差。面对非结构性决策问题，决策者受经验、知识和技能等限制，对决策问题的认知以及不确定性掌握程度下降，决策者更加关注选择性注意，更加依赖经验以及直观判断和主观感受做出的决策。

（3）行为。

任何决策行为都有风险，关键在于决策者要尽可能做好预测，充分估计决策可能带来的风险，在决策方案的选择时，要尽可能地将风险降到最低限度。研究发现人们的行为特征有：关注某一参考值（获得或损失）的变化；更加看重确定性的后果；强调小概率事件；面对获得时，倾向于风险规避，面对损失时，则倾向于风险偏好。风险偏好型决策者对损失较为迟钝，对收益特别敏感，具有不惜冒险而追求大利的决策心态，决策更具冒险性。而风险规避型决策者循规蹈矩，谨慎小心，不求大利，但求保险，决策趋向于保守。

2. 环境因素

（1）组织环境及组织文化。

组织的结构、权力结构、组织文化、组织任务的特点等都会对组织中的决策者的决策行为产生影响。不同的组织文化孕育着不同的决策风格和应对风格，例如官僚文化强调服从，以规章制度约束成员行为，决策时更加程序化；而创业文化则注重创造、创新和冒险，直觉决策应用可能更多，易于包含非理性的因素。具有不同决策风格的多个决策者共同完成的一些组织任务，可能存在较大的认知偏差和判断标准，从而影响到决策的质量和效果，因此，对于多个决策者的决策问题，需要协调和综合他们的工作。

（2）社会—文化环境。

不同的文化环境孕育着不同的行为方式、风险认知、人格特点等，人们在概率判断和风险态度上存在着差异。例如：东方人比西方人更加过分自信和更具风险倾向。该文化差异可能导致面对不同决策问题时不同的应对风格和决策风格。目前，对决策个体和文化差异的研究尚为不足，需要进一步研究探索。

3. 决策者与环境的交互作用

从系统科学的观点出发，决策者的认知、情绪和行为是一个有机的整体，并随着环境的变化而变化。决策者的决策行为仅仅是整个认知的动态过程中的一个瞬间或者一个片段。决策随着决策者的认知能力及决策问题的变化而变化，是一个包含脑神经系统在内的复杂的系统事件，整个决策过程是以决策者为中心，决策者心智、身体和环境三者之间是一个有机整体。也就是说，决策是决策者（身体和大脑）与环境（社会、文化及组织环境）的相互作用的生成过程。这个过程中，各个因素相互作用，彼此互为对偶关系，而非单向的决定。

二、驾驶决策

驾驶决策的研究起源于人因工程学，其作为一种决策支持系统以计算机为工具，应用决策科学及有关学科的理论与方法,以人机交互方式辅助决策者解决半结构化和非结构化决策问题的信息系统。该领域认为,驾驶行为有两个重要环节,一是不同驾驶行为模式的决策机制,二是车辆运行模式的执行机制。其中,驾驶决策的正确性直接关系到道路交通安全。在决策过程中,驾驶行为经常受到人、车、路、环境等多源信息的刺激和作用,由于人的信息处理能力有限,驾驶人对多源信息无法同时实现输入与输出,以致有时不能准确、快速地做出决策,从而易引发交通事故。

(一)驾驶决策定义

驾驶是在不确定环境中,驾驶人根据相对确定的行车轨迹,参照道路周边固定或移动的物体所产生的一种控制任务,包括路线的选择、根据线路协调各种技能以及不断地调整方向与速度。优秀的驾驶人应该具备特有的、复杂的注意力,能够持续地接收和分析道路环境中行人和车辆的运动状态,善于预见各种交通变化,能够在一瞬间做出迅速、准确的判断。由此,驾驶决策指的是一种在驾驶行为中表现出的风险决策,具体指驾驶人根据自己从驾驶经验中获得的关于如何操控车辆的概率,对不同交通场景进行评估并做出选择,产生驾驶行为的过程。

(二)驾驶决策研究进展

1. 建立驾驶行为模型阶段(1927~1993年)

交通心理学最初集中于驾驶疲劳研究,主要是关于职业火车、汽车驾驶人的疲劳、警觉和单调感等方面,并通过实验设备仪器,围绕着单个被试的生理指标开展的实验研究。人因工程学的诞生为驾驶心理学的研究提供了新的视角。此时期的研究大多倾向于驾驶行为模型的建立,强调具体的驾驶行为对交通事故的影响,如超速、频繁超车、变道等,而很少考虑到驾驶人的心理过程如何影响到驾驶人对驾驶任务的判断和所采取的驾驶行为。直至20世纪70年代动机因素被引入驾驶行为的研究中,才开始探讨驾驶人自身的心理现象。在当时的研究中,所提出的驾驶人决策流程,首次在交通心理学中使用"驾驶决策"一词。但在该研究中,并没有对"驾驶决策"的机制、影响因素进行详细探讨,只是分析了决策中的动机因素对驾驶行为的影响。随着心理学方法的介入,关于驾驶人行车的可接受距离、优先选择、并道或变道等相关的研究相继提到了"驾驶决策",但相关研究并不深入。

2. 驾驶决策的心理测量阶段(1993~2005年)

在总结以往关于驾驶行为的研究中发现,早期关于驾驶行为的大部分研究,未能完全地揭示驾驶员的心理活动能力和道路交通意外事故发生率之间的关系,而关于交通意外事故的预测变量因素的研究主要集中于年龄、经验、快速评估危险的能力和对承担风险倾向(考虑到每年的行驶里程)上。事实上,人们卷入事故的主要原因,还包括人们如何做出判断与决策,例如对超车、变道、停车时可接受的固定距离的决策,而不仅是对汽车的控制能力。在此基础上,研究者French编制了决策风格量表(Decision - Making Questionnaire,DMQ),该量表以驾驶情境为基础,着重分析了影响驾驶员决策风格的因素。量表一共包括21个项目,7个维度,分别是:控制、彻底、本能、社会抵制、犹豫、完美与理想。

3. 驾驶决策的实证研究阶段(2006年至今)

随着认知心理学的兴起,交通心理学逐步将研究重点,从决策结果转移到决策过程;驾驶决策的研究方法,逐步从问卷测量转化为行为实验,开始强调决策模型在驾驶决策中的重要性。

21世纪初,有关驾驶决策的研究逐渐以行为实验为主,主要采用驾驶模拟与爱荷华赌博任务(Iowa Gambling Task,IGT)等。对研究结果的分析也有了新的方法。其中,期望价值模型(the Expectancy Valence model,EV)的提出,为分析决策特征提供了新的研究视角。研究者在采用IGT实验的基础上,运用期望价值模型分析驾驶决策的特征。该模型通过分析驾驶人权衡奖励/损失的模式,分析驾驶人是否会采取超速、酒驾或违章等危险行为的决策倾向。

这一时期,研究者不仅关注到驾驶行为对驾驶决策的影响,也逐步重视驾驶决策本身的认知特征;与驾驶决策的相关研究不仅涉及具体的驾驶行为,同时也考虑到了一些其他的心理学因素,如风险感知、情绪、智力、人格等。然而,这些因素是否独立或交叉对驾驶决策是否产生影响仍没有一致的结论。

(三)驾驶决策研究方法

1. 心理测量法

心理测量法通过问卷,确定驾驶人在不同情境中的决策特点。通过决策风格问卷发现在年龄、性别、行驶公里数、3年内的交通违章次数、行为模式和社会偏差等方面有差异的驾驶人,在决策风格上有着明显的区别。还有的研究者采用与睡眠相关的风险知觉问卷,分析了睡眠情况对风险知觉以及驾驶决策的影响;用风险知觉问卷,评估训练前后驾驶人在面对风险时的决策。心理测量法虽然研究了影响驾驶决策的因素,但这种方法的科学性仍受到质疑,在以往研究中使用的问卷并没有得到广泛的应用。

2. 实验法

研究者Damasio等人设计出的用来模拟现实决策情景的IGT,被广泛用于与决策有关的相关研究。相关研究认为,IGT不仅包括决策的前提和结论,而且包括奖励/损失及其数量和频率的多重变化;同时IGT也是一项涉及情绪、记忆与学习、认知评价、奖赏和运动程序编制与执行等多个系统协同活动的决策任务。近几年,国外学者关于驾驶决策的研究也开始采用IGT。

驾驶模拟器也在驾驶决策的研究中广泛使用。驾驶模拟器作为研究手段具有诸多优势。首先,使用驾驶模拟器可以保证研究条件安全且可控,避免了在实际道路上,天气条件和其他道路对使用者的影响,驾驶模拟器使研究人员可以为不同使用者设置相同的实验条件;其次,驾驶模拟器的使用可以使研究数据的测量更加方便,比如对驾驶行为的测量;最后,驾驶模拟器可以有效地设计出不同条件下的交通场景,并具有可重复性、实验成本低等优点。将IGT与驾驶模拟器相结合,不仅能提高研究的效度,同时可以深化心理学因素在驾驶决策中的影响作用。

三、驾驶人的决策心理过程

交通系统运行优劣取决于诸多因素,如车辆行驶性能、道路条件、基础设施状况、行驶环境以及驾驶人自身的生理心理因素等。因此,必须把驾驶人、汽车、道路和环境作为一个统一的系统考虑,这样才能正确揭示各个环节之间的相互联系并正确评价各个环节乃至整个系统的性能。在该系统中,作为影响驾驶人的输入信息,有交通环境信息、道路信息、驾驶人自身信息,还有其他行驶车辆的人车系统信息、驾驶车辆信息等。当各种信息进入驾驶人信息处理模块后,经过驾驶人动态特性分析得到控制车辆行驶的决策,并执行该决策。在控制模块中,驾驶人凭借经验技能、姿态个性等个体因素以及外界因素的影响,利用对车辆的横向和纵向控制操作,将决策行为作用于车辆模型,改变车辆的行驶轨迹和行驶方向等。之后车辆行驶参数的变化又将重新反馈给驾驶人,影响着驾驶人的下一步决策和动作执行。决策的执行功能在驾驶系统中有两种形式:一种是向外界发送某种交通信号,对于另外的驾驶人来说又成为外界信息,如鸣笛、亮转弯灯等;另一种是由驾驶人直接操纵车辆,由机械传递来改变车辆的运行,从而使决策得到执行。决策的执行实际上也是驾驶人的一个学习过程,驾驶人通过对各种信息的处理,也锻炼了自己,提高了自己的驾驶技能,所以系统也是一个逐渐完善的系统。

第三节　影响驾驶判断与决策的因素

一、年龄

不同年龄的驾驶人其驾驶决策存在着差异。研究者 French 等人对决策风格的研究显示,不同年龄的决策风格存在差异。在认真、尽责与犹豫等维度,18～30 岁阶段的驾驶人随着年龄增长得分逐步升高,而 30 岁以后的驾驶人该维度的得分没有显著变化,社会抵制维度随着年龄的增长得分逐步升高。在一项驾驶任务的研究中发现,当青少年与成年人单独完成任务时,青少年会承担更多的风险;而当与同伴共同完成任务时,青少年承担风险的水平比成年人增长得更显著。而且随着年龄的增加,这种承担风险的水平以及受同伴影响的程度逐渐减少。从以往的研究结果来看,年轻的新手更容易做出错误的决策。

二、性别

研究者 Suzuki 等人的研究发现,男女驾驶人在 IGT 中没有表现出明显的皮肤导电反应的性别差异,也就是男女驾驶人在评估情绪事件中的决策不存在差异。但研究者 Bolla 等人的研究则发现,男性的背外侧前额叶皮质比女性则表现出更加明显的激活现象。而当 IGT 与道德两难任务结合时,男女驾驶人的性别差异则消失了,可能是女性更多地受到情绪因素的影响。研究者把 IGT 与驾驶模拟测验相结合,通过驾驶模拟测验,测量参与者如何评估风险场景。结果显示,在驾驶模拟中勇于冒险的女性对直接奖励更为敏感。由此可见,性别在一定程度上会影响驾驶决策,但这种影响会受到决策情境的作用。此外,女性驾驶人在决策时,更容易受到当时驾驶压力的影响,她们在面对复杂的道路环境时,如果在决策时得不到他人的支持,通常会表现得不知所措,焦虑水平较高。

三、风险感知

与危险行为有关的决策模型假设决策风险行为是通过类似评估风险和收益后采取的行

动。研究认为,风险感知在双重决策过程模型中处于理性的、逻辑的地位,其在一定程度上可以预测驾驶人的风险行为,并能够通过驾驶人教育课程干预驾驶员的行为,鼓励驾驶人安全驾驶。风险感知的研究方法主要有两种方式:一是基于视觉场景的实验法。采用真实动态的交通情景来考察驾驶人的风险感知水平,给驾驶人播放含有交通情境的电影片段,然后让他们对其中的危险因素进行评估。随着科学技术的发展,情境研究实现了即时反馈的功能。在研究中让驾驶人观看交通情境,发现有风险就按键,通过按键反应时的长短来比较被试的风险感知水平,反应时越长,则表示其风险感知水平越低。二是基于自我评估的问卷法。虽然模拟驾驶的方法得到了广泛的认同和使用,但是有研究者认为使用问卷评估的方法测量风险感知可能更加全面。

四、情绪

情绪在决策过程中也会影响目标的选择。驾驶目标包括两个方面,与成功到达目的地有关的积极的情绪和与撞车或道路关闭引起无法到达目的地的消极情绪。有研究者提出体细胞标记假说,强调了情绪在决策过程中的重要性,认为在决策的情境中,情绪"标记了带有积极或消极信号的选择或结果,这种选择或结果将会缩小决策空间,增加与过去行为经验相一致的行动的可能性"。零风险理论认为,风险情绪只在安全范围缩小到某个关键水平时发生。行为持续地受到个体的风险/恐惧的监控,只有达到某种水平时,才会在决策中起到重要的作用。从该理论看,在正常驾驶中,情绪对驾驶决策不会产生太多的影响作用。从现有的研究来看,情绪对驾驶决策的影响仍然存在争议。

五、决策风格

个体在广泛的决策领域中采取一种相同的行为方式,这种行为方式就是决策风格的体现。理智决策风格对冒险型驾驶风格有负向的预测作用。驾驶人在理智维度上得分越高,说明他们在生活中目标越明确,在做决策时也能更加充分地收集信息,逻辑思维能力较强,对事情有更清晰的认识。在驾驶中,相比理智维度得分低的驾驶人,他们能搜集更多的道路环境信息,对驾驶环境做出更为准确的认知、判断和决策,其冒险性行为也随之减少。

直觉—冲动决策风格对愤怒型驾驶风格有正向预测作用。驾驶人在直觉—冲动维度上得分越高,说明他们平时就易生气、易冲动,常常依赖于感觉来做决定,处理事情比较快速、简单。而且,冲动、易怒容易成为一种稳定的人格倾向,容易导致驾驶人决策出现偏差。因此,在驾驶中,这类驾驶人一旦决策不当造成驾驶受挫,容易出现驾驶愤怒甚至攻击行为。

依赖型决策风格对焦虑型驾驶风格有正向预测作用。研究发现,依赖型的决策风格与大五人格的宜人性之间呈显著正相关,与神经质之间呈显著负相。这说明,依赖维度得分高的驾驶人在做决策时常常需要依赖他人的指导,渴望得到社会的支持。

第四节 驾驶人的判断与决策能力改善

一、驾驶人安全行车判断模式

驾驶人在行车过程中,经常会遇到超车、会车、转弯和行人横穿道路等情况,因此,驾驶人必须对车速、距离、方位等做出正确的判断。可以说,在驾驶中时时处处都少不了判断。如若判断不当,就会采取错误的措施而导致交通事故的发生。只要某一判断失误就很可能导致严重后果。驾驶人在行车过程中,必须能够充分理解那些分散的、不连贯的交通要素的影响程度,形成对有关交通要素的全面认识和重要特性的总结。例如,其他车辆临近本车的可能安全行车区域时,驾驶人必须要不断分析并理解出其靠近行为意味着什么样的行驶趋势或潜在的交通危险程度。因此,驾驶人能够准确识别出道路交通环境中的各个交通要素,对其充分理解、形成全面认识是最重要的。在汽车行驶时,驾驶人可以从道路环境、后视镜、监控雷达、车内显示仪表,或直接由感觉器官来识别道路交通状态中的要素及其相应特性。进一步由驾驶人的中枢神经系统做出判断,确认道路交通环境、相关车辆和障碍物的相对位置,判断它们的运动状态及自己的车辆运行状态和运动趋势,形成预执行的驾驶操作目标的类别、重要程度、数量、操作顺序和程度等的判断。

二、驾驶人安全行车决策模式

驾驶人是根据知觉进行决策的。在行车过程中,特别是在危险情况下,要求驾驶人应在适当的时间内,制定出正确的决策。例如,当驾驶人期望超过前方低速行驶的车辆时,首先要知觉判断自己车辆与对面来车的距离,然后再决策是否超车;又如,驾驶人知觉到道路上的红色信号灯后,再决策停车。驾驶人的决策过程决定着驾驶操作的正确与否。即使驾驶人观察及分析判断都十分准确,也不能代表他就能做出正确的决策。"明知故犯"是很多驾驶人的通病。以下几个决策模式对安全行车具有普遍指导意义。

(一)速度决策

超速或盲目高速驾驶不仅会降低车辆性能,使得驾驶人反应速度变慢、视野变窄,出现紧急情况时还会使得车辆无法快速安全停车或避让。但是车速太慢,则势必会阻碍后车通行,造成交通拥堵或追尾事故。超车时如果速度太慢,长时间占用对向车道或左侧车道,很容易引发交通事故。因此驾驶人必须对行车速度有一个正确的决策,根据实际情况掌握好驾驶速度的"度",该快的时候做到果断、利落,该慢的时候要做到平稳。

(二)安全间距决策

安全间距包括横向安全车距和纵向安全车距。保持安全的横向车距,可以避免刮蹭事件的发生;保持合适的纵向安全车距,可以避免追尾事故的发生。与他车过度"亲密",在出现紧急情况时,会让自己措手不及;与他车过于"保持距离",又会引发后面车辆或侧面车辆的不断超越和穿插,导致自己的车为让车而频频减速甚至停车,增加新的不安全因素。驾驶人应该根据实际情况做出合理决策。

(三)避让决策

在日常行车过程中,我们经常遇到来势汹汹、咄咄逼人的车辆,如果不避让这些车辆,而是抢行、强行、强超,事故风险就会大大增加。但是一味避让与让行可能撞上其他车辆或行人。因此,驾驶人应掌握好避让的原则,正确判断所驾车辆的速度与前方车辆或行人的速度、距离、动向是否构成直接相撞的可能,然后根据道路条件选择准确的操作和避让方法。

三、安全行车判断和决策能力的改善

由于判断和决策错误而造成的交通事故常有发生,因此,所有机动车驾驶人都应注意在学习和实践过程中培养、提高自己的判断和决策能力,力求时时处处做出正确判断和决策。只有这样,才能确保行车安全。如何提高驾驶人安全行车判断和决策能力,确保行车安全,可以从以下几个方面来考虑:

(一)拓展驾驶人的知识水平

驾驶人的判断和决策能力是驾驶汽车的一项重要技能。它是基于驾驶人掌握的知识、经验和记忆进行的。全面提高驾驶人的知识水平,使之能更好地分析判断各种交通情况。驾驶人要学习与交通情况有关的基础知识,掌握一些物理学和力学知识,在行车中,就能大致判断不同路面的制动距离;在不同的弯道上,采用不同的速度行驶,防止翻车;具备一定的心理学知识,能对行人的各种行为,做出准确判断。驾驶人要努力学习安全行车知识和道路交通法规知识,了解各种车辆的性能,熟悉本车的构造,熟练掌握驾驶技能,才能对各种交通情况做出正确判断。同时驾驶人也要通过再学习、再教育的方式提高自己的专业技术水平。

(二)提高驾驶人接收信息和处理信息的能力

驾驶判断和决策是在一定的相关信息基础上进行的。要提高驾驶人的思维判断和决策能力,就要把与驾驶有关的信息尽可能充分传递给驾驶人。而扩大信息来源有两种途径:一是扩大感知信息来源,二是扩大经验信息来源。一方面,驾驶人要总结自己在驾驶实践中正反两方面的经验,同时也要吸取别人有益的经验;另一方面,作为管理人员也要督促驾驶人总结个人经验,并进行交流和相互学习,共同提高。而且,驾驶人在接收信息的同时,也要善于处理和加工信息。随着汽车工业的迅猛发展和车辆数量的激增,车辆操纵的简单化,由此而带来的是日益增大的车速和交通密度超过了人的心理、生理负荷,因而造成了驾驶汽车的困难,这就使得驾驶员不得不在时间短、信息量大的情况下,解决比以前更加复杂的问题,给感知信息、分析判断决策等心理训练提出了更高的要求。因此,汽车驾驶人的训练活动必须由驾驶操作为主转到心理训练为主,由操作技能向驾驶技术转变。

(三)调节驾驶人的情绪,提高心理承受能力

培养驾驶人的心理承受能力,一方面要创造良好的环境,通过开展各种文化娱乐活动,调节驾驶员心理活动,使其心情舒畅,精神放松,保持良好的心态,尽快消除各种杂念。同时,各级领导要经常深入驾驶人中了解情况,关心他们的生活和疾苦,帮助他们解决家庭、人际关系中的矛盾,解决他们的实际困难,使驾驶人有一个心情愉快的环境,保持健康稳定的心理素质。另一方面,对于驾驶人来说,通过自我训练和培养,不断提高自身思想素质,采用正确有效的方法做到自我约束,控制自己的不良情绪,增强心理承受能力,克服不良情绪和心理的影响,保证在各种复杂条件下都有稳定、健康的心理素质。

（四）驾驶人安全行车决策能力改善

安全行车决策能力是指驾驶人处理交通情况时,对驾驶操作的目的、方法等综合起来形成正确实践方案的能力。驾驶人的决策能力是驾驶过程中各种思维判断能力的综合。一般来说,驾驶人的决策能力分为两种情况,即微观决策能力和宏观决策能力。而微观决策能力强的驾驶人,常表现为思维敏捷、判断准确及时、处理情况果断、操作熟练;宏观决策能力强,常表现为老练持重,善察事故苗头,有预见性,严守规章制度,原则性强。这两种决策能力的统一是驾驶人成熟的标志,是交通安全最根本的保证。提高驾驶员的安全决策能力可从下列方面着手:首先要提高其生理、心理、技术、道德、交通知识等方面的素质;其次提高思维判断能力、价值评估能力和自我控制能力。只有具备这些能力,才能把各种素质综合起来实现特定的安全目标。

检验评估

1. 简述信息的概念。
2. 简述交通信息的分类。
3. 简述驾驶人信息判断处理的基本过程。
4. 决策概念和分类有哪些?
5. 决策模型有哪几种?
6. 简述决策的影响因素。
7. 驾驶决策的定义是什么?
8. 简述驾驶决策的研究方法。
9. 简述驾驶决策的影响因素。
10. 如何改善驾驶判断和决策能力?

第八章　驾驶人安全行车适应性训练

学习目标

1. 了解人格的概念、分类。
2. 知道人体生物节律对行车安全的影响。
3. 熟知驾驶人人格倾向对行车安全的影响。
4. 掌握安全驾驶适应性训练方法。

案例分析

2016 年 10 月 17 日晚,北京通州区 103 国道 G1 出口处,发生了一起车祸,一大载货汽车侧翻压扁出租车。这场惨烈的车祸的发生,让很多人揪心,也让很多人思考。

一辆小轿车随意违规变道加塞,此时载货汽车遇红灯未减速而强行转向,结果侧翻砸扁了规规矩矩等信号灯的出租车,致使出租车驾驶人当场丧命……

视频显示,当晚 10 时 09 分,这辆出租车在右侧车道等红绿灯,其后方的另一辆小轿车突然实线变道至出租车左侧车道,并停车等灯。这个突然的举动令在左侧车道行驶的大货车躲闪不及,驾驶人向右急打转向盘使得车身侧翻,压在右前方的出租车身上,倾泻而下的石块瞬间将出租车掩埋,石块散落至整个道路。

遇难驾驶人所属的出租公司相关负责人刘先生称,遇难驾驶人是北京人,39 岁,家里还有一位老母亲、妻子以及 14 岁的女儿。"他家离事发地只有 3km 左右,看开车的方向,估计他是回家的时候发生的事故。"刘先生说。

第一节　驾驶人的人格概述

在人、车、路、交通环境组成的道路交通系统中,根据文献报道,90% 以上的道路交通事故与驾驶人有关,70% 以上由驾驶人负主要责任。可见,驾驶人是交通安全的主导因素,其生理、心理因素对交通事故均有一定的影响。而在心理因素中,人格又是一个重要的影响因素之一。大量的研究表明,驾驶人的某些人格特征,在客观环境下极易构成危险。使得驾驶任务复杂性增加导致事故发生。因此,国内外很多学者致力于驾驶人人格与交通安全关系的研究,取得了不少的成果。我们引用国内学者的研究成果为我们营运性驾驶人安全行车适应性训练提供帮助。

一、人格

人格是人类独有的、由先天获得的遗传素质与后天环境相互作用而形成的、能代表人类灵魂本质及个性特点的性格、气质、品德、品质、信仰、良心以及由此形成的尊严、魅力等。

(一)人格的特征

人格的特征主要有四个,分别是人格的独特性、稳定性、统合性、功能性。

1. 独特性

一个人的人格是在遗传、环境、教育等因素的交互作用下形成的。不同的遗传、生存及教育环境,形成了各自独特的心理点。人与人没有完全一样的人格特点。所谓"人心不同,各有其面",这就是人格的独特性。但是,人格的独特性并不意味着人与人之间的个性毫无相同之处。在人格形成与发展中,既有生物因素的制约作用,也有社会因素的作用。人格作为一个人的整体特质,既包括每个人与其他人不同的心理特点,也包括人与人之间在心理、面貌上相同的方面,如每个民族、阶级和集团的人都有其共同的心理特点。人格是共同性与差别性的统一,是生物性与社会性的统一。

2. 统合性

人格是由多种成分构成的一个有机整体,具有内在统一的一致性,受自我意识的调控。人格统合性是心理健康的重要指标。当一个人的人格结构在各方面彼此和谐统一时,他的人格就是健康的;否则,可能会出现适应困难,甚至出现人格分裂。

3. 功能性

人格决定一个人的生活方式,甚至决定一个人的命运,因而是人生成败的根源之一。当面对挫折与失败时,坚强者能发愤拼搏,懦弱者会一蹶不振,这就是人格功能的表现。

据此,我们可以在心理学上将人格定义为:是个人在适应环境的过程中所表现出来的系统的独特的反应方式,它由个人在其遗传、环境、成熟、学习等因素交互作用下形成,并具有很大的稳定性。

4. 稳定性

人格具有稳定性。个体在行为中偶然表现出来的心理倾向和心理特征并不能表征他的人格。俗话说,"江山易改,禀性难移",这里的"禀性"就是指人格。当然,强调人格的稳定性并不意味着它在人的一生中是一成不变的,随着生理的成熟和环境的变化,人格也有可能产生或多或少的变化,这是人格可塑性的一面,正因为人格具有可塑性,才能培养和发展人格。人格是稳定性与可塑性的统一。

(二)人格量表

随着统计技术的进步和计算机在数据处理中的应用,研究者们在对人格进行因素分析时,有了惊人的并且相当一致的发现。一些不同的研究群体从许多不同的人格资料中不断地发现关于五个人格维度的证据。

这五个因素在大量不同方法的研究中都是那么突出,以致研究者们称之为"大五",即外向性、宜人性、责任性、神经质、开放性。

1. 外向性

性格一端是极端外向,另一端是极端内向。外向者爱交际,表现得精力充沛、乐观、友好和自信;内向者的这些表现则不突出,但这并不等于说他们就是自我中心的和缺乏精力的,他们偏向于含蓄、自主与稳健。

2. 宜人性

得高分的人乐于助人、可靠、富有同情;而得分低的人多抱敌意,为人多疑。前者注重合作而不是竞争;后者喜欢为了自己的利益和信念而争斗。

3. 责任性

责任性是指我们如何自律、控制自己。处于维度高端的人做事有计划、有条理,并能持之以恒;居于低端的人马虎大意,容易见异思迁,不可靠。

4. 神经质

神经质得高分者比得低分者更容易因为日常生活的压力而感到心烦意乱;得低分者多表现自我调适良好,不易于出现极端反应。

5. 开放性

开放性是指对经验持开放、探求态度,而不仅仅是一种人际意义上的开放。得分高者不墨守成规、独立思考;得分低者多数比较传统,喜欢熟悉的事物多过喜欢新事物。

大五人格的构建基础,包含了有关品格的词汇或行为表现,由大五人格量表测试出来的结果就有好坏之分。从它的各个因素的描述也很明显地看出来。

资料链接

大五类人格量表

指导语:请仔细阅读以下问题,每个问题从非常不符合到非常符合有5种选择。如果该描述明显不符合您或者您十分不赞同,请选择"1";如果该描述多数情况下不符合您或者您不太赞同,请选择"2";如果该描述半符合半不符合,您无法确定或介于中间,请选择"3";如果该描述多半符合您或者您比较赞同,请选择"4";如果该描述明显符合您或者您十分赞同,请选择"5"(表8-1)。

大五类人格量表 表8-1

问　　　题	非常不符合	不太符合	不确定	比较符合	非常符合
1. 我不是一个容易忧虑的人	1	2	3	4	5
2. 我喜欢周围有很多朋友	1	2	3	4	5
3. 我很喜欢沉浸于幻想和白日梦中,去探索、发展其中所有可能实现的东西	1	2	3	4	5
4. 我尽量对每一个遇到的人彬彬有礼,非常客气	1	2	3	4	5
5. 我让自己的物品经常保持整洁干净	1	2	3	4	5
6. 有时候我感到愤怒,充满怨恨	1	2	3	4	5
7. 我很容易笑	1	2	3	4	5
8. 我喜欢培养和发展新的爱好	1	2	3	4	5
9. 有时候,我会采用威胁或奉承等不同手段,去说服别人按我的意愿去做事	1	2	3	4	5

问　　题	非常不符合	不太符合	不确定	比较符合	非常符合
10.我比较擅长为自己安排好做事进度,以便按时完成任务	1	2	3	4	5
11.当面对极大的压力时,有时我会感到好像就要垮了似的	1	2	3	4	5
12.我喜欢那些可以单独做事,不被别人打扰的工作	1	2	3	4	5
13.我对大自然和艺术中蕴涵的美十分着迷	1	2	3	4	5
14.有些人觉得我有些自我中心,不太考虑别人的感受	1	2	3	4	5
15.许多时候,事到临头了,我才发现自己还没做好准备	1	2	3	4	5
16.我很少感觉孤独和忧郁	1	2	3	4	5
17.我很喜欢与别人聊天	1	2	3	4	5
18.我认为让学生接触有争议的学说或言论只会混淆和误导他们的思想	1	2	3	4	5
19.如果有人挑起争端,我随时准备好反击	1	2	3	4	5
20.我会尽量认真地完成一切分派给我的任务	1	2	3	4	5
21.我经常感到紧张而心神不定	1	2	3	4	5
22.我喜欢置身于激烈的活动之中	1	2	3	4	5
23.我对诗词基本上没有什么感觉	1	2	3	4	5
24.我觉得自己比大多数的人都优秀	1	2	3	4	5
25.我有一些明确的目标,并能以有条不紊的方式朝它迈进	1	2	3	4	5
26.有时我感到自己完全一文不值	1	2	3	4	5
27.我通常回避人多的场合	1	2	3	4	5
28.对我来说,让头脑无拘无束地想象是一件困难的事情	1	2	3	4	5
29.受到别人粗暴无礼的对待后,我会尽量原谅他们,让自己忘记这件事	1	2	3	4	5
30.开始着手学习或工作之前,我会浪费很多时间	1	2	3	4	5
31.我很少感到恐惧或焦虑	1	2	3	4	5
32.我常常感到自己精力旺盛,好像充满能量	1	2	3	4	5
33.我很少留意自己在不同环境下的情绪或感觉变化	1	2	3	4	5
34.我相信人性是善良的	1	2	3	4	5
35.我努力做事以达到自己的目标	1	2	3	4	5
36.别人对待我的方式常使我感到愤怒	1	2	3	4	5

问　　题	非常不符合	不太符合	不确定	比较符合	非常符合
37. 我是一个乐天开朗的人	1	2	3	4	5
38. 我经常体验到许多不同的感受或情绪	1	2	3	4	5
39. 很多人觉得我对人有些冷淡,经常和别人保持一定距离	1	2	3	4	5
40. 一旦做出承诺,我通常会贯彻到底	1	2	3	4	5
41. 很多时候,当事情不顺利时,我会感到泄气,想要放弃	1	2	3	4	5
42. 我不太喜欢和人聊天,很少从中获得太多乐趣	1	2	3	4	5
43. 阅读一首诗或欣赏一件艺术品时,我有时会感到非常兴奋或喜悦	1	2	3	4	5
44. 我是一个固执倔强的人	1	2	3	4	5
45. 有时候,我并不是那么可靠和值得信赖	1	2	3	4	5
46. 我很少感觉忧伤或沮丧	1	2	3	4	5
47. 我的生活节奏很快	1	2	3	4	5
48. 我对思考宇宙规律或人类生存状况没有什么兴趣	1	2	3	4	5
49. 我尽量对他人做到体贴周到	1	2	3	4	5
50. 我做事情总是善始善终,是一个很有做事能力的人	1	2	3	4	5
51. 我经常感觉无助,希望有人能帮助我解决问题	1	2	3	4	5
52. 我是一个十分积极活跃的人	1	2	3	4	5
53. 我对许多事物都很好奇,充满求知欲	1	2	3	4	5
54. 如果我不喜欢某一个人,我会让他知道	1	2	3	4	5
55. 我好像总不能把事情安排得井井有条	1	2	3	4	5
56. 有时我会感到十分羞愧,以至于只想躲起来,不见任何人	1	2	3	4	5
57. 我宁愿自己独自做事,而不是领导指挥别人	1	2	3	4	5
58. 我喜欢研究理论和抽象的问题	1	2	3	4	5
59. 如果必要的话,我会利用别人来达到自己的目的	1	2	3	4	5
60. 对于每件事,我都力求做到最好	1	2	3	4	5

问卷共有60题,采取五级评分,包括五个分量表,每个分量表各有12个条目,主要内容如下:

(1)外向性(Extraversion)量表:2、7、12、17、22、27、32、37、42、47、52、57。表示人际互动的数量和密度、对刺激的需要以及获得愉悦的能力。这个维度将社会性的、主动的、具有个人定向的个体和沉默的、严肃的、腼腆的、安静的人做对比。这个方面可由两个品质加以衡量,即人际的卷入水平和活力水平。前者评估个体喜欢他人陪伴的程度,后者反映了个体个人的节奏和活力水平。

（2）宜人性（Agreeableness Facets）量表：4、9、14、19、24、29、34、39、44、49、54、59。考察个体对其他人所持的态度，这些态度既包括亲近人的、有同情心的、信任他人的、宽大的、心软的，也包括敌对的、愤世嫉俗的、爱摆布人的、复仇心重的、无情的。其中9、14、19、24、39、44、54、59 为反向计分。

（3）责任性（Conscientiousness）量表：5、10、15、20、25、30、35、40、45、50、55、60。评估个体在目标导向行为上的组织、坚持和动机。这个维度把可信赖的、讲究的个体同懒散的、马虎的个体做比较，同时反映个体自我控制的程度以及延迟需求满足的能力。

（4）神经质（Neuroticism）量表：1、6、11、16、21、26、31、36、41、46、51、56。评估的是情感的调节和情绪的不稳定性。神经质得高分的个体倾向于有心理压力、不现实的想法、过多的要求和冲动以及不适应的应对反应。虽然这个方面的高分并不预示着存在临床上的障碍，但患有临床综合征的个体往往会在这个量表上得高分（Costa & Widiger, 1994）。其中1、16、31、46 为反向计分。

（5）开放性（Openness）量表：3、8、13、18、23、28、33、38、43、48、53、58。对经验的开放性是评鉴对经验本身的积极寻求和欣赏以及对不熟悉情景的容忍和探索。这个维度将那些好奇的、新颖的、非传统的以及有创造性的个体与那些传统的、无艺术兴趣的、无分析能力的个体做比较。在大五因素中，这一维度是最充满争论的，对它的探索也是最少的，就其在语言上的描述而言，对它的解释也是最少的。其中18、23、28、33、48 为反向计分。

部分条目为反向计分：1、9、12、14、15、16、18、19、23、24、27、28、30、31、33、39、42、44、45、46、48、54、55、57、59。

（1）外向性（Extraversion）量表：2、7、12、17、22、27、32、37、42、47、52、57。其中12、27、42、57 为反向计分。

（2）宜人性（Agreeableness Facets）量表：4、9、14、19、24、29、34、39、44、49、54、59。其中9、14、19、24、39、44、54、59 为反向计分。

（3）责任性（Conscientiousness）量表：5、10、15、20、25、30、35、40、45、50、55、60。其中15、30、45、55 为反向计分。

（4）神经质（Neuroticism）量表：1、6、11、16、21、26、31、36、41、46、51、56。其中1、16、31、46 为反向计分。

（5）开放性（Openness）量表：3、8、13、18、23、28、33、38、43、48、53、58。其中18、23、28、33、48 为反向计分。

二、驾驶人的人格与交通事故

研究者通过大量的研究表明：作为独立的个体驾驶人，他们的驾驶风格、学习过程、肇事经历和驾驶安全期望都是不同的，具有迥然不同的人格表现。

国外对交通事故驾驶人的人格进行了研究。交通事故驾驶人是指驾龄在5年或5年以上，连续5年内共发生3次或3次以上责任事故的驾驶人。在研究中发现交通事故驾驶人普遍表现出自我控制弱、神经质状态多、情绪稳定性差、攻击倾向性强、感受性快的人格特征。交通事故驾驶人有更多的情绪不稳定和自我中心倾向。其中事故组驾驶人攻击性、神经质倾向较强，而持久性、协调性和同情性却较差。

研究表明,外向性、神经质和责任性能够预测驾驶行为和驾驶结果。外向性同机动车事故、交通违章、酒驾、吸食药物后驾驶有关。神经质同机动车事故、驾驶攻击、驾驶厌恶有关。责任心同汽车故障引起的交通碰撞、驾驶人事故总数和交通逃逸有关。研究表明,大五人格模型可以可靠有效地预测驾驶员之间的差异,具有重要的理论和实践意义。

人格和交通事故之间的关系,可能是间接的。就人格本身来说,并不能有效地预测碰撞事故,但是如果和其他因素在一起,如驾驶即时状况、与驾驶有关的压力因素,它们交互作用,就能很好地预测交通事故了。人格首先影响驾驶人驾驶即时状况、驾驶风格和其他不连续的短暂因素,然后它们共同作用才对碰撞事故产生影响。

第二节 人格倾向与道路安全驾驶

驾驶人由于自身的人格倾向性特,在参与道路交通时,其驾驶行为会表现出危险驾驶行为、感觉寻求驾驶行为、攻击驾驶行为等倾向,从而加大道路交通事故发生的可能性。

一、危险驾驶行为与安全

1. 危险驾驶的分类

(1)不适当错误型:是指在具体的交通情境中,驾驶人的行为方式错误。例如没有注意到一个不允许右转弯标志的标志,却进行右转弯转。

(2)故意违规型:指故意轻视交通法规和安全行为,例如闯红灯。

(3)疏忽型:是指无意识的遗漏了安全驾驶行为的关键部分,例如忘记关闭转向灯。

疏忽型可以分为两种:即注意力不集中错误型(例如,没有看到应该看见的标志牌)和缺乏经验错误型(例如行驶中挂错了档位)。

2. 危险驾驶行为的影响因素

(1)性别。危险驾驶行为存在显著的性别差异,男性驾驶人的死亡率是女性驾驶人的3倍多,特别是青春期的男性驾驶人发生事故率更高。女性驾驶人发生事故的主要原因是缺乏经验,以及知觉和判断错误引起的;男性驾驶人发生事故的主要原因是由交通违规引起的,例如超速、酒后驾驶和其他危险驾驶行为。

(2)年龄。危险驾驶行为有三种类型模式:

①故意违规行为随着年龄的增长而降低。所有年龄段的男性驾驶人,都比女性驾驶人故意违规行为多。

②不适当的错误行为,不随年龄的增长而下降。

③疏忽型错误行为随着年龄增长而上升,老年人尤其倾向于注意力不集中的错误类型。

那些故意违规行为最多的驾驶人,往往认为自己的驾驶技术超级好,而且他们相信一个好的驾驶人可以不受交通法规的约束。

(3)危险驾驶行为与交通事故关系危险驾驶行为可能是很多不同因素交互作用的结果。

一是驾驶人要准备接受的危险水平,这取决于他们的人格(攻击驾驶、消极驾驶)、个人经验(受教育的程度和事故经验)及环境因素(车内是否有朋友)。

二是驾驶人环境中真实的危险水平频发。

三是驾驶人自我感知到危险水平低。无法在第一时间内精确地评估潜在危险、发现危险倾向,高估自己的驾驶能力。

四是驾驶人危险驾驶受到的惩罚的概率有多大,如酒后驾驶和超速行驶、闯红灯。

在驾驶实践中,所有这些因素会广泛地发生交互作用,交互的程度取决于驾驶人和交通状况的特殊结合。危险驾驶行为在很多事故中是由道路使用者(驾驶人、行人)的危险行为造成的,虽不取决于单个的危险驾驶行为,却是引发交通事故的重要危险因素。

二、感觉寻求驾驶行为与安全

1. 感觉寻求的定义

感觉寻求者是一种寻求新奇信息复杂多变、高强度的感觉刺激及极端体验的特质,个体甘愿在身体、社会、法律和经济方面冒险。高感觉寻求者,往往会自觉表现出一定程度的身体和社会的危险性。驾驶为感觉寻求者提供了一个绝佳的机会,满足他们对内在的唤醒,及兴奋、危险、速度和竞争的欲望。

2. 感觉寻求与危险驾驶行为

(1)高感觉寻求倾向。年轻男性比例高,但随着年龄的增长,达到顶峰后会呈下降趋势。

(2)高感觉寻求倾向。道路使用的态度危险性大。表现为超速、飙车、不使用安全带、不按规定超车、对交通法规漠视等行为。

(3)高感觉寻求倾向。对自己驾驶技术信心强。在危险事件中,能出色发挥,但是一旦发生碰撞,其事故后果也更加严重。

3. 感觉寻求与交通事故关系

感觉寻求会提高驾驶人在一系列领域的危险性驾驶行为,包括驾驶破坏操作、不使用安全带、超速等。感觉寻求者在道路交通中使用危险驾驶行为会导致违规倾向,而违规提升了交通事故的危险性。

三、攻击特质驾驶行为与安全

1. 攻击性驾驶行为

如果驾驶人故意或者出于急躁、烦恼、敌意以及为了节省时间等原因而采取的驾驶行为可能增加碰撞事故的危险性时,称之为攻击性驾驶行为。

2. 攻击性驾驶的影响因素分析

攻击性驾驶行为涉及驾驶人心理原因,是一种复杂的社会现象,国内外的调查发现攻击性驾驶行为与年龄、性别、驾驶人情绪以及驾驶环境等因素有关。

(1)年龄。

攻击性驾驶行为导致交通事故的驾驶人中,有超过三分之一的驾驶人年龄小于 25 岁,主要表现为年龄较低的驾驶人出现交通事故的概率相对较高。

(2)性别。

女性驾驶人遵守交通法规的责任感更强,相对比较赞同交通法规的合理性和重要性。美国一项关于攻击性驾驶的最新研究显示,年龄小于 30 岁的驾驶人中男性出现攻击性驾驶行为的可能性远远高于女性,而 40 岁以上的驾驶人中性别与攻击性驾驶行为的相关关系显著降低。

（3）人格和性格特征。

具有高特质(外向性、神经质)紧张的驾驶人往往较为急躁和愤怒,并伴有较多的鲁莽行为驾驶,即攻击性驾驶。性格温和的驾驶人发生攻击性驾驶行为的次数相对较少。

（4）情绪因素。

驾驶人处于沮丧、挫折或紧张情绪状态时对自身的控制能力会较差,从而极易造成其驾驶行为富有攻击性。在交通拥挤、出行时间紧迫以及驾驶交往中的矛盾冲突等情况的刺激下,驾驶人极易产生这些消极情绪,导致进一步发展成为攻击性驾驶行为。

（5）环境因素。

社会环境和道路行车环境都会对驾驶人的驾驶规范产生影响。如果驾驶人经常看见他人违反交通法规而未受到处罚,那么他们就会认为这种行为是正常的,从而自己也会降低对这些行为的自制力。如行车中压单实线行为。

3. 攻击性驾驶行为与安全

具有驾驶攻击特质的人在解决问题时,往往存在更频繁和更严重的攻击行为,当驾驶人攻击行为达到了预期的效果,增加了控制感,使个体获得主导权,攻击特质便会得到强化和惯性化。驾驶人在驾驶中,攻击特质同碰撞事故和交通违章相联系。

对攻击特质驾驶行为的深入分析,找出对攻击性驾驶行为的影响因素,可以为制定相应的对策、减少交通事故、创造安全的行车环境提供参考。

第三节　道路安全驾驶适应性训练

一、道路安全驾驶适应性模型

1. 驾驶适性的概念

驾驶适性属职业适性之一,是驾驶人安全有效地从事驾驶工作必须具备的基本生理、心理素质特性,二者相对稳定而又相互弥补,是在一定交通环境下实现车辆安全行驶的可能性。

2. 驾驶适性检测

驾驶适性检测是通过一定的仪器设备和手段,有目的地对驾驶人或要考取驾驶执照的人员进行心理和生理指标的量测,从而判定其是否继续从事驾驶工作或是否成为驾驶人。这是安全驾驶的一项可靠的保证措施,可以辨识驾驶人群体中个体的驾驶适性优劣程度驾驶适性检测的目的,一方面是避免不适宜的人员进入驾驶人队伍,另一方面是对现有驾驶人进行检测和再培训,以有效提高驾驶人群体素质,事前从根本上防范事故的发生,从而使交通事故大幅度降低。

3. 驾驶适性检测的研究

美国最早开始驾驶适性检测,日本自 20 世纪 50 年代开始研究驾驶适性检测。20 世纪 80 年代初,日本的交通事故率居世界之首,由此引起了政府和学者的重视。通过对驾驶人进行心理、生理检测,分析出驾驶人发生交通事故的原因。对肇事驾驶人有针对性的培训,改正其操作方法;对有些不适宜从事驾驶工作的人员,劝其从事其他行业工作。由于此项研究成果应用深入广泛,日本连续9年成为世界上道路交通事故最少的国家。

4.我国驾驶适应性研究成果

从20世纪80年代开始,我国在驾驶适应性方而开展了系统的研究,取得了不少研究成果。如中国农业大学的"机动车驾驶员驾驶适宜性系统";吉林工业大学的"驾驶适性检测系统";中国车辆检测中心研制的"驾驶职业能力检测系统"。国家质量监督检验检疫总局发布《机动车驾驶员身体条件及其测评要求》(GB 18463—2001),为规范中国驾驶适性检测的内容和方法,促进驾驶适性检测工作的发展提供了依据。这表明中国的驾驶适性研究及检测工作步入了一个系统化、规范化、法制化的发展轨道。正是由于这些致力于驾驶适性研究和应用的专家、学者的不懈努力,使中国的驾驶适性检测起步晚但发展很快,对筛检事故倾向性驾驶人,训练在职驾驶员的生理和心理素质,降低道路交通事故的发生率等方面发挥了重要作用。

二、机动车驾驶人适应性检测标准

驾驶人适应性是指从事机动车驾驶工作应该具备能够适应安全驾驶需要的生理条件、心理条件、行为意识、行为能力等多方面的条件。驾驶人适应性检测依据《机动车驾驶员身体条件及其测评要求》(GB 18463—2001),对驾驶人进行生理、心理条件检测。

三、驾驶人个性心理倾向改善与训练方法

驾驶人个性心理倾向性改善和训练,可以通过计算机终端、驾驶模拟器、专业的检测设备和仪器,通过答题适应性训练。

(一)速度估计

速度估计是指被试者对物体运动速度感知判断的准确性,即对速度快慢的估计能力。估计偏高和偏低均影响判断的准确性。

(1)检测方法:被测试者观察在路面(明区)匀速运动的小汽车,当小汽车进入盲区后,被测试者根据小汽车在明区移动的速度。推测其通过盲区所需要的时间,立即按下右上角按键。练习2次,测试6次。

(2)标准:初考驾驶人为500～2400ms;在职驾驶人为800～2500ms。

(3)检测目的:是检测驾驶员在多种心理特性感觉中对速度的过早反应倾向(动作提前倾向)。该项检查的目的是诊断驾驶人的速度感觉和焦躁性。

(二)复杂反应

复杂反应是指机体对外界刺激在一定时间内做出正确应答的判断能力,用误反应次数表示。

(1)检测方法:被测试者在开始测试时,看到黄色图案,立即按下左手按键;看到绿色图案,立即按下右手按键;看到红色图案,立即踩下右脚踏板;当听到耳机内有蜂鸣声,不管看

到任何颜色的图案都不要进行操作,直到测试完毕。练习4次,测试16次。

(2)标准:初考驾驶人≤8次;在职驾驶人≤5次。

(3)检测目的:检查驾驶人在各种不同驾驶条件下是否具备正确的注意力分配以及在不同刺激下适当的知觉反应动作及其正确的处理。

(三)操作机能

操作机能即注意能力测试,被试者操纵转向盘控制左、右两根指针,同时不断回避动态中呈现的障碍标记,以测定其注意的稳定性、注意分配和注意转移的能力。用误操作次数表示。

(1)检测方法:被检测者开始测试时,画面会出现一边往上运动和一边往下运动的红绿色方块,被检测者用转向盘控制两个小车,转动转向盘对运动中的红绿色方块进行规避,使两个箭头同时从方块的绿色端通过,但不能碰到双色横条和两边的边界,直到检测完毕。

(2)标准:初考驾驶人≤130次;在职驾驶人≤110次。

(3)检测目的:用于检查驾驶人在驾驶中注意力分配及其持续的能力,衡量驾驶人方向操作的正确性,发现驾驶人视在知觉的注意力和注意分配、持续方面的缺陷。

(四)个性特征

(1)检测方法:如实回答系统随即生成的一些生活常识、个人品格、思想品质、社会交际能力方面的问题。

(2)标准:安徽三联事故预防研究所驾驶员人格量表(专利号93114627)。

(3)检测目的:用于检测与驾驶安全有关的人格特性,能有效筛选事故倾性驾驶人,也是对驾驶人进行驾驶安全指导的基础。通过检测对被检测者的安全人格个性特征做出一个客观的评价,以方便对驾驶人进行管理。

(五)安全态度

(1)检测方法:如实回答系统随机生成的一些有关安全类的问题,作为系统对被检测人员的安全态度进行一个客观的评价。

(2)标准:安徽三联事故预防研究所安全态度量表(专利号93114628)。

(3)检测目的:用于检查驾驶人与安全有关的驾驶态度特性,通过驾驶人对交通法规的理解来对驾驶人的安全态度进行客观的评价。

(六)危险感受

(1)检测方法:根据在有效时间内观察到的图片信息,如实回答系统随机生成的相关问题。

(2)标准:安徽三联事故预防研究所危险感受测试系统(专利号93114626)。

(3)检测目的:危险感受测试,可通过对模拟交通场景图的认知,并由认知点、态度点和综合点反映驾驶人对潜在危险环境的主观认识、评价能力及其相应的驾驶态度,它不仅可以用来筛选事故倾性驾驶人,而且也是对驾驶人进行安全考试的依据。

四、驾驶模拟器训练

1. 汽车驾驶模拟器构造

汽车驾驶模拟器座舱由驾驶舱座、视景计算机、视屏显示器、操作传感器、数据采集卡、耳机及话筒等组成。座舱包含与真实车辆相同的操作部件。"五大"操纵机构包括:转向盘、离合器、制动踏板、加速踏板和驻车制动器。真车变速器:倒挡、一挡、二挡、三挡、四挡、五挡和空挡(自动挡只含前进挡、倒车挡和驻车挡)。真车操作开关:左转向灯、右转向灯、应急灯、喇叭、点火开关、总电开关、安全带、车门、刮水刷、远光灯、近光灯、远近光交替。座舱汽车既可以进行联网训练,也可以进行单机训练。如图8-1所示。

图8-1 驾驶模拟器

2. 驾驶模拟器训练原理

驾驶模拟器利用虚拟现实仿真技术营造一个虚拟的驾驶训练环境,人们通过模拟器的操作部件与虚拟的环境进行交互,从而进行驾驶训练。

汽车驾驶模拟器几乎完全"克隆"真实学车环境,能够消除驾驶初学者的恐惧心理,适时规范驾驶人的操作,成为驾校驾驶培训的有力帮助。我们引入驾驶模拟器对个性心理倾向性改善和训练。

3. 驾驶模拟器教学与训练

驾驶模拟器教学,是指通过一种类似机动车驾驶的设备,采用电脑设置相应程序,模拟出各种路况场景,以达到培训的目的。通过驾驶模拟器训练,才能在现实中开车上路练习驾驶技能,并对学员个性心理倾向性做出有针对性的训练,并使之得到改善。

4. 驾驶模拟器的训练功用优点

利用驾驶模拟器进行各种试验与实车试验训练相比,有以下优点:

(1)安全性高:可安全地进行危险性驾驶状态的试验和极限状态下的试验、训练等。

(2)再现性高:容易保证相同的试验条件,并能够反复进行相同条件下的试验。

(3)容易设定试验条件:容易进行汽车特性、路面状况、道路、障碍物等环境设定及设定变更,不需要制作大量试验设备节省费用。

(4)容易测定数据和分析:用计算机能够容易地存储实车试验测定困难的参数,并立即显示所需的数据,高效率地处理。

5. 注意事项

驾驶模拟器使用中要注意以下事项:

(1)模拟限度:驾驶模拟器有限度地近似性模拟实车行驶状态。

(2)试验人员的心理状态:需要认真地考虑试验人员的紧张感等情绪对结果的影响,因为试验人员在模拟器内有安全感,易产生冒险心理,所以会得到与实车试验不同的结果。

（3）经济性：现阶段各种模拟装置、计算机、软件的开发费用都很高，与之相比，实车和试验设备进行的试验费用低。

如果充分注意以上的事项，才能有效利用驾驶模拟器的试验结果。

6. 驾驶模拟器的心理测试与训练

（1）教学视频。

运用丰富的教学录像功能，可以播放汽车驾驶培训教学录像。例如，各种交通路况的再现，各种交通警察手势信号教学录像，离合器工作原理录像等。

（2）系统设置。

可以对系统进行相应设置，如增加删除教学录像，设置相应的学员心理测试—训练项目，修改扣分模式和错误分值等。

（3）回放功能。

训练结束后，学员可以以俯视的方式查看最后 3min 的驾驶过程，从而仔细分析错误驾驶发生的原因，找出驾驶心理适应性中存在的问题，以便改善和提高。

（4）训练记录。

训练完毕后，学员可以查看训练过程中所出现的错误动作，并且可以将训练成绩及错误明细表作为历史纪录保持下来。

（5）驾驶适应性心理评价。

运用驾驶模拟器的测试与训练项目，通过各种视频、画面，各种交通路况的处理，通过已设定的答题程序，评价测试—训练的驾驶模式、方法、过程、结果，得知学员驾驶心理适应性的成绩。

第四节　驾驶人人体生物节律周期应用

一、人体生物节律周期

1. 人体生物节律

人体生物节律，是指人的体力、情绪和智力的周期循环。科学家对人体研究结果表明，人的体力循环周期为 23d，情绪循环周期为 28d，智力循环周期为 33d。这三个近似月周期的循环，统称为生物节律，在每一周期内有高潮期、低潮期、临界日和临界期。

2. 人体生物节律理论

人体生物节律理论认为这些循环从人出生的那时刻开始，就分别按各自的周期循环变化，首先进入高潮期，然后经过临界日变换为低潮期，按正弦曲线的规律持续不断地变化，一直到生命结束为止。当这些循环处于高潮期时，人们的行为处于最佳状态，体力旺盛，情绪高昂，智力开阔；当循环处于低潮期时，体力衰减，耐力下降，情绪低落、心神不宁，反应迟钝，智力抑制，工作效率低。特别是临界期，体内生理变化剧烈，各器官协调机能下降，容易发生错误行为。

3. 人体生物节律周期性

20 世纪初，德国医生弗利斯和奥地利心理学家瓦斯波达通过长期观察，揭开了其中的秘密,原来人体内存在着一个 23d 为周期的体力盛衰期以及 28d 为周期的情绪波动期。以后奥地利的泰尔其尔教授在研究了数百名高中和大学学生的成绩后,发现人类智力的波动周期为 33d。这就是人体的生物节律。如图 8-2 所示。

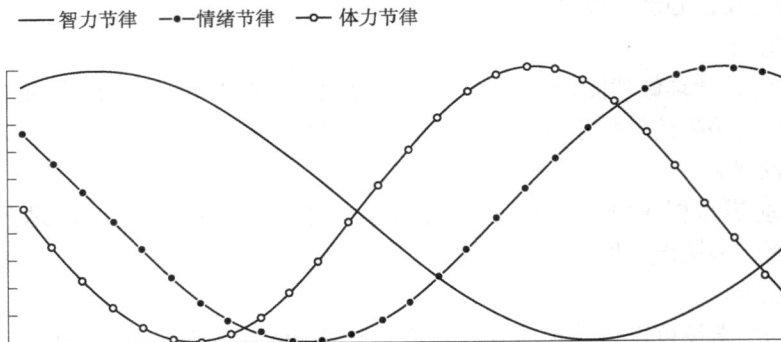

图 8-2　人体生物节律

（1）周期日。

周期日是每个周期的开始日,为期一天。周期日时,人体正处在转换之中,新思想、新行动易在此时产生。虽思维活跃,但辨别力差,身心起伏不定,盲目易动。

（2）高潮期。

高潮期是能量释放阶段。

（3）临界日。

临界日是高潮期与低潮期相互过渡的交替日子。临界日时,人体由高潮期向低潮期转换,此时身体各部机能处于调节之中。

（4）低潮期。

低潮期是能量蓄积补充阶段。

（5）测算公式。

人体生物钟具有准确的时间性,用数学公式能准确地计算出所有人在任何一天的利害日情况。测算结果能使你知道哪天是周期日,哪些天是高潮期,哪天是临界日,哪些天是低潮期。便于根据自己利害日的情况,合理地安排学习、工作和生活。

①公式。

（测定年 – 出生年）×365 + 闰年数 – （1 月 1 日至生日天数）+（1 月 1 日至测定天数）。所得天数即是经历总天数,再分别除以 23 天、28 天、33 天,所得余数分别为体力、情绪、智力三个节律情况。

②说明。

测算人体生物钟必须用公历生日,只知道农历生日者可查万年历,查出公历生日。

举例:某人生于 1964 年 7 月 23 日,测 1993 年 12 月 3 日三个节律情况。

这个人 1964 年出生至 1993 年,经历了 1964 年、1968 年、1972 年、1976 年、1984 年、1988 年、1992 年共 8 个闰年,因此闰年数为 8。

代入公式:

[1993 – 1964]×365 + 8 – [31 天（1 月）+ 28 天（2 月）+ 31 天（3 月）+ 30 天（4 月）+ 31 天

(5 月)+30 天(6 月)+23 天]+[31 天(1 月)+28 天(2 月)+31 天(3 月)+30 天(4 月)+31 天(5 月)+30 天(6 月)+31 天(7 月)+31 天(8 月)+30 天(9 月)+31 天(10 月)+30 天(11 月)+3 天]=29×365+8−205 天+337 天=10725 天

10725 天÷23 天=466……7 天

10725÷28 天=383……1 天

10725÷33 天=325……0

人体生物钟三个节律处在周期日、高潮期、临界日、低潮期的判定标准,如下:

	周期日	高潮期	临界日	低潮期
体力节律	余数等于 0	余数小于 12	余数等于 12	余数大于 12
情绪节律	余数等于 0	余数小于 14	余数等于 14	余数大于 14
智力节律	余数等于 0	余数小于 17	余数等于 17	余数大于 17

根据体力余数 7,情绪余数 1,智力余数 0,对照本表,此人 1993 年 12 月 3 日这天:

体力处在高潮期第 7 天。

情绪处在高潮期第 1 天。

智力刚好是周期日。

二、人体生物节律在道路安全驾驶中的应用

1. 人体生物节律与安全驾驶

在人、车、路、环境这个系统中,由于人的因素所引发的道路交通事故数占 90%以上,其中约有 70%以上是由驾驶人的原因造成的。因此要做好安全管理工作,降低事故率,就必须做好驾驶人的安全管理工作。在驾驶人安全管理方面,往往忽视了人体自身生理机能的变化。经常会出现这样的情况:安全制度健全,安全教育天天抓,客观环境和条件都不错,驾驶人自我保护意识、业务技术能力、责任心也都比较强,按常理不会出事故,结果竟出了事故。分析事故原因,谁也说不清是怎么回事。这些事故通常是由人的生理心理因素造成的。

2. 生物节律的一般规律

人的状态受这三种生物节律的影响。在高潮期,人处于相应的良好状态;在低潮期,人则处于较差状态;三节律曲线与时间轴相交的那一天为"临界日",或包括其前后各 1 天为"临界期",人处于此间状态最差,其体力、情绪和智力处在变化过渡之中,是最不稳定的时期。

根据,在一个人的 70 年生命范围内,智力与情绪同时处于临界期大约有 55 天;情绪与体力同时处于临界期大约有 80 天;智力与体力同时处于临界期大约共有 70 天。

3. 生物节律对驾驶人安全行车的影响

驾驶人操纵汽车在道路上行驶时,通过视觉、听觉、触觉等感觉器官,从环境(包括车内环境和车外环境)获取相关信息,经大脑中枢器处理(思考、判断),由手脚做出相应的控制动作。驾驶过程中任何一个环节出现问题都可能引发交通事故,统计表明,由于驾驶人操作不当引发的事故占总事故起数的 15%左右。驾驶人当日的体力、情绪、智力对整个驾驶操作过程有着很大的影响,也就是他的生物节律与安全行车有着密切的关系。

研究者指出,在体力的低潮期,体力和耐力下降,易疲劳。人疲劳,反应就会变慢。正常情况下,驾驶人从接收信息到做出反应约为0.5s,而全身困倦的驾驶人就需要18s,按汽车车速为50km/h计算,18s可行驶240m,比正常情况多233.06m,这对行车安全是非常不利的。在情绪的低潮期,驾驶人精神恍惚,喜怒无常、烦躁,易产生烦恼情绪,有烦恼情绪的驾驶人,开车注意力会发生偏移,对交通环境的感知减弱,容易遗漏必要的信息,而引发交通事故。生物节律的高潮期,人表现得精神旺盛、生机勃勃、心情愉快、思维灵敏、记忆效果好,对驾驶来说也不一定就是安全的。愉快情感的产生对工作是有利的,但极度愉快会导致过于激动,容易使人不时回味而沉浸在欢乐之中,从而出现凝神,旁若无人,思想开小差,引发交通事故。驾驶过程需要驾驶人始终高度集中注意力,把注意力集中在驾驶这个行为上,在智力的低潮期,人的判断能力下降,很难从众多复杂的交通信息中选取有用的信息,特别在凌晨2~4点生物节律最"脆弱时间",这时人的注意力几乎降到了零,驾驶人往往对出现的小状况不能做出最佳反应,在慌乱中使小状况变成了大事故。

最危险的是临界期,这是一个极不稳定的时期,生理、心理均处于频繁的变化中,人体各器官之间可能会出现失调现象,比如自我感觉明显不好,对工作或生活的情绪低沉,遇事会优柔寡断,很容易肇事。

4. 生物节律在驾驶人安全管理中的应用方法

为了预防事故,提高驾驶工作的可靠性,我们要将生物节律理论应用到驾驶人的安全管理工作当中,实践证明这非常有效。江苏省某汽车运输企业,从2003年2月起开始运用生物节律指导安全管理,当年发生事故总起数较前一年下降了42%。生物节律理论在安全管理中的具体应用方法如下:

(1)强化,做到人人心中有数。

通过开设培训班或讲座等形式,使得运输企业得管理人员乃至每一位驾驶人了解生物节律理论的内容及其对安全驾驶的重要意义。

(2)依表行事,安排驾驶任务。

在相关专家的指导下绘制出每一位驾驶人的生物节律表和生物节律曲线,从中查出每位驾驶人每月的最危险区、危险区及临界区,以图表的形式公布在安全活动专栏内,并据此安排相应的驾驶任务。

(3)健全安全机制,实行分类指导,区别管理。

不许处于最危险期的职工单独出车,对于处于危险临界期的驾驶人要进行安全谈心活动,明确其在安全上应注意的事项或安排其轮休,做到防患于未然。

(4)采用多种形式,提醒驾驶人注意。

对处于危险临界期的驾驶人在其车上插小红旗,以示提醒;或者把驾驶人当天的生物节律表打印出来贴在车上,对重要的情况用不同颜色的线标注出来;也可以根据不同的生物节律情况,在车上放置一些小摆设提醒驾驶人。

5. 结语

生物节律与许多疾病关系密切,如睡眠障碍、抑郁症、肿瘤,为此我们要提高每一位驾驶人的身体素质。生物节律系统还受到周围环境的影响,由于每个人生活的社会环境和家庭环境各不相同,如邻里纠纷、家庭矛盾、工作中与领导及同事之间的关系等。不良的影响将导致节律紊乱,出现与人体生物节律不相吻合的异常现象。这要求每个驾驶人在掌握自身节律特点的同时,必须对自身所处的各类环境对自身节律的影响充分考虑,当遇到不顺心时,应在安全上多留一份心,确保安全。

检验评估

1. 什么是人格?

2. 大五人格量表有哪几项维度因素?

3. 一般来说,男性驾驶人与女性驾驶人相比,谁的感觉寻求度高?

4. 驾驶人的人格倾向与交通事故有什么的关系?

5. 驾驶攻击特质的人在解决问题时,有什么样的表现?

6. 我国机动车驾驶人适应性检测标准是指什么?

7. 驾驶人个性心理倾向性改善和训练方法有哪些?

8. 什么是汽车驾驶模拟器?

9. 什么是人体生物节律?

10. 人体生物节律与驾驶人行车安全有何关系?

第九章　驾驶人情绪控制与心理适应性训练

学习目标

1. 了解情绪的概念、分类。
2. 熟知情绪对驾驶人的安全行车影响机制。
3. 掌握情绪对驾驶人安全行车主要的危险特性。
4. 熟练掌握控制影响驾驶人安全行车情绪的改善方法。

案例分析

　　不良情绪已成为引发交通事故的新诱因。驾驶人带着气愤、悲伤、压抑等情绪驾车，会为驾驶过程埋下安全隐患。下面通过一个真实事例的讲述，来提醒驾驶人，为了不伤害自己、他人，请不要带着情绪开车。

　　2015 年 5 月 3 日，一段名为"成都女驾驶员遭暴打"的视频在微博、微信等社交媒体上疯传。该视频主要内容为成都一女性驾驶人在驾车途中，因行驶变道原因遭后车男性驾驶人逼停，随后遭到殴打致伤，众多网友纷纷谴责男性驾驶人的暴行，并要求对其严惩。但事后，网络上又出现一段后车行车记录仪中记录视频，视频中显示被殴打的女子曾两次突然变道而险酿事故。

　　"路怒症这一现象，我也是最近才听说"，成都市民蔡女士说。最近成都女驾驶员被打这件事，挖掘出很多开车斗气引发纠纷，都提到"路怒症"，引发很多关于不文明驾驶习惯的讨论。

　　"我平日里脾气尚可，但一遇堵车就容易烦躁不安、骂人"，成都市民吴先生说。驾车时容易情绪失控，不文明驾驶便会不可避免的发生，如开车慢的经常被一些老驾驶人故意变道超车、频闪前照灯等，这样对人身心健康与生命危害毋庸置疑。成都市民吴先生坦言，被打女驾驶人的遭遇给所有不文明驾驶的驾驶人一个警示，不控制好情绪没准也要挨揍的。如果要防止这样的事件再次发生，还是要提高驾驶人的整体素质，做到文明驾驶。

　　"你把他当新手，想他不是故意的，这样比较容易原谅对方"，拥有 12 年驾龄的成都市民杨先生则表示，成都女驾驶人被打这件事，或多或少地折射出驾驶人的不良心态或不文明驾驶习惯。如果每一个驾驶人开车上路的时候都文明驾驶，不作出影响他人行驶的事，城市的交通秩序会有所好转。

　　针对"路怒症"的情况，近百万网友在互联网"开车途中遭遇别车，你会怎么办"的调查中投票，73% 的网友选择"忍让一步，不开斗气车"，说明多数人是比较理性的，但也说明公众在这方面有积怨，成都女驾驶人不幸成了那个宣泄口。

第一节 驾驶人安全行车的情绪

一、驾驶人的情绪

1. 情绪的定义

情绪是指伴随着认知和意识过程产生的对外界事物态度的体验,是人脑对客观外界事物与主体需求之间关系的反应,是以个体需要为中介的一种心理活动。最普遍、通俗的情绪有喜、怒、哀、惊、恐、爱等,也有一些细腻微妙的情绪如嫉妒、惭愧、羞耻、自豪等。情绪常和心情、性格、脾气、目的等因素互相作用,也受到荷尔蒙和神经递质影响。无论正面还是负面的情绪,都会引发人们行动的动机。

2. 情绪的组成

情绪是由三种成分组成的:

(1)情绪涉及身体的变化,这些变化是情绪的表达形式。

(2)情绪涉及有意识的体验。

(3)情绪包含了认知的成分,涉及对外界事物的评价。

情绪无好坏之分,一般只划分为积极情绪和消极情绪。由情绪引发的行为则有好坏之分、行为的后果有好坏之分,所以说,情绪管理并非是消灭情绪,也没有必要消灭,而是疏导情绪,并合理化之后的信念与行为。

3. 情绪的构成要素

情绪既是主观感受,又是客观生理反应,具有目的性,也是一种社会表达。情绪是多元的、复杂的综合事件。情绪构成理论认为,在情绪发生的时候,有五个基本元素必须在短时间内协调、同步进行。

(1)认知评估:注意到外界发生的事件(或人物),认知系统自动评估这件事的感情色彩,因而触发接下来的情绪反应(例如,看到心爱的宠物死亡,主人的认知系统把这件事评估为对自身有重要意义的负面事件)。

(2)身体反应:情绪的生理构成,身体自动反应,使主体适应这一突发状况(例如,意识到死亡无法挽回,宠物的主人神经系统觉醒度降低,全身乏力,心跳频率变慢)。

(3)感受:人们体验到的主观感情(例如,在宠物死亡后,主人的身体和心理产生一系列反应,主观意识察觉到这些变化,把这些反应统称为"悲伤")。

(4)表达:面部和声音变化表现出这个人的情绪,这是为了向周围的人传达情绪主体对一件事的看法和他的行动意向(例如,看到宠物死亡,主人紧皱眉头,嘴角向下,哭泣。对情绪的表达既有人类共通的成分,也有各自独有的成分)。

(5)行动的倾向:情绪会产生动机(例如,悲伤的时候希望找人倾诉,愤怒的时候会做一些平时不会做的事)。

4. 情绪的主要分类

人类有几百种情绪,其中,有八种最强烈的基本情绪:悲痛、恐惧、惊奇、接受、狂喜、狂怒、警惕、憎恨。每一类情绪中都有一些性质相似、强度依次递减的情绪,如厌恶、厌烦、哀伤、忧郁。

按照情绪发生的速度、强度和持续时间对情绪进行分类,可将情绪分为心境、激情及应激三种。

二、驾驶人的情绪

汽车驾驶人的情绪和心理状态,对安全行车的影响很大。在积极的情绪和良好的心理状态下,驾驶的差错少、工作效率高;而消极的情绪和不良的心理状态则对安全行驶有很大的阻碍作用,甚至会导致交通事故。为了保证安全行车,汽车驾驶人切忌消极的情绪和不良的心理状态。

(一)影响交通安全的常见情绪

不同的情绪表现会对交通安全产生不同的影响。研究者发现,不同的驾驶情绪,与不同的交通事件有关。如责备可以引发焦虑、抑郁和愤怒等不同的情绪体验,所触发的交通事件并不相同。根据以往研究,焦虑往往与分心驾驶有关,愤怒与攻击性驾驶有关,在模拟驾驶中,抑郁的被测试者转动转向盘的操作更缓慢,事故率也更高。

1. 愤怒

愤怒是指担任方不能实现目标,得不到满意的结果,而引起的一种紧张而不愉快的情绪。

有研究表明,驾驶人的愤怒情绪和攻击性行为,与精神病学有关。攻击性强的驾驶人比其他驾驶人,更有可能存在各种心理问题。比如狂躁症有点依赖症,药物依赖,反社会和边缘性人格障碍等。如路怒症的驾驶员患有心理问题的风险。驾驶人的愤怒情绪和攻击性驾驶有关。

2. 抑郁

抑郁是一种情绪状态,表现为长时间的情绪低落,意志力和行动力减弱,有时伴随着自我伤害及自杀行为。在实际生活中,研究人员通过发放问卷、自我报告的形式,考察驾驶人出行前的情绪、驾驶中出现的想法以及驾驶时的交通环境等影响因素,发现抑郁情绪对交通安全有消极影响。

3. 焦虑

焦虑在人的正常生活中,危险无论是真实的还是想象中的,都会以各种形式表现出来,如果自我没有获得处理危险的办法,就会陷入长期的无助和惊恐之中,对危险的本能反应,就是焦虑。焦虑通常情况下,与精神打击已经即将来临的,可能造成威胁或危险相联系,主观表现为感觉到紧张、不愉快,甚至痛苦以至于难以自制;严重时,会伴有植物性神经系统的变化和失调。有研究表明,驾驶人的焦虑与人格类型,人格障碍压力因素有关,有焦虑特质的驾驶人,以形成高度内化的驾驶习惯。驾驶过程中的焦虑情绪会消极影响驾驶人对道路信息的识别,例如使其注意视野变窄,反应力受限,改变他对其他驾驶人行为的理解,最终增加驾驶的潜在危险性。焦虑对驾驶操作,交通违章有消极影响,主要是由于焦虑会引起驾驶人的分心和注意缺陷。

4.压力

压力是心理压力源和心理压力反应共同构成的一种认知和行为体验过程。压力是指人的内心冲突,与冲突相伴随的强烈情绪体验。内心的冲突可以分为双趋冲突、双避冲突、趋避冲突和双重趋避冲突。

有研究表示,基于驾驶人的压力,驾驶人的压力指标具体是指不同形式的压力结果,包括攻击和焦虑。结果发现,驾驶人的压力对驾驶操作的影响,受到驾驶人压力反应的性质、交通环境和驾驶任务需要的制约。驾驶人内心的压力对驾驶任务完成和驾驶安全有关联性影响。

(二)四种消极的情绪

1.思想麻痹

思想麻痹是造成行车事故的主要原因之一。很多驾驶人因思想麻痹、一时疏忽而遗恨终生。

思想麻痹的主要表现有:驾驶员放松警惕,注意力不集中,全身懒散放松。思想麻痹一般在以下几种场合中易产生:

(1)道路和通行条件较好,路上没有复杂的交通情况。

(2)长途行车已安全驶近车场或目的地。

(3)在车场掉头、试车、倒车。

(4)由复杂道路进入平坦道路。

(5)由城市驾驶转入郊外等级公路驾驶。

(6)夜间行车,车稀人少,路面宽敞。

(7)车况良好,操纵得心应手。

2.骄傲自满

骄傲自满是安全驾驶车辆的大敌。驾驶人一旦产生骄傲自满情绪,便会忘乎所以,过高地估计自己,因而不能正确认识和判断客观事物,无视各种规章制度,做出一些越轨的驾驶动作和行为,导致事故的发生。

3.斗殴赌气

驾驶人在行车中,碰到不顺心或违背自己意愿的事而生气斗殴,把车辆当成发泄自己怨气、向对方施行报复的工具,是造成重大交通事故的原因之一。

动辄斗殴赌气,虽与驾驶人的性格特征有关联,但究其根本,还是驾驶人思想修养方面的问题。驾驶人要防止斗殴赌气现象的发生,不能只从性格脾气上找原因,还要从思想上挖根源。

4.情绪波动

驾驶人情绪波动,大多数是由思想问题引起的。情绪波动一般表现为两种倾向:高兴与沮丧。驾驶人情绪过于高兴或沮丧,都会严重地影响安全操作。因为人在高兴或沮丧时,中枢神经系统便处于兴奋或压抑的状态。当中枢神经处于兴奋状态时,驾驶人行为表现得轻率、好动、异想天开、忘乎所以,操作动作和判断情况就不准确。当中枢神经处于压抑状态时,驾驶人反应迟钝,动作呆板,两眼滞木,对危险情况就会置若罔闻,有时甚至会眼睁睁地看着事故发生而不采取任何措施。

三、驾驶人的应激

1. 驾驶人的应激发生时机

交通心理学把人、车、路和交通环境作为一个系统来看待。驾驶人的驾车过程,可以概括为信息输入、信息加工、决策以及信息输出这样一个不断往复进行的信息处理过程。

驾驶人是按照上述过程并采用规范化的动作程序驾驶汽车的,能够保持良好的心理状态和旺盛的精力,从而实现高效、准确的操作。而当车辆行驶在复杂的交通环境中时,由于外界信息的突变,使驾驶人在突如其来的或十分危险的条件下,必须迅速地、几乎没有选择余地地采取决策,容易出现应激状态。例如,行车中突然遇到行人在车前横穿公路或者同方向行驶的自行车突然拐入车前,以及驾驶操纵机件失灵等,这时需要驾驶人迅速地判明情况,在一瞬间做出决策并利用过去的经验,集中意志力和果断精神。因此,紧急的危险情景会惊动整个有机体,它能很快地改变有机体的激活水平、心率、血压,使肌肉紧度发生显著改变,而引起情绪的高度应激化和行动的积极化。在这种情况下,比一般的激情更甚,认识的狭窄使得很难实现符合目的的行动,容易做出不适当的反应,可能导致事故。

2. 应激情绪状态对行车安全的影响

研究表明,驾驶人在应激状态下的行为可能会出现以下问题:

(1)认识变得狭窄,注意集中于一点,难于转移和分配。

(2)对外界情况的认识变得不充分。

(3)认识外界情况的要求减弱,在极端情况下,失去对外界情况的认识能力。

(4)对外界情况往往只能做出"有"或"无"的两极判断,难于做出程度或数量的判断。

(5)对外界情况综合判断的能力下降。

(6)无暇思考便立即作出判断,极端情况下,失去判断的能力。

(7)难于维持平衡的动作,动作用力往往过大。

(8)难于进行两个以上的互相协调的动作。

(9)动作准确性下降,容易出现错误动作。

(10)容易出现无目的的多余动作,极端时可能不知所措,失去操作能力。

由此可见,应激状态对驾驶人的驾车活动有很大影响。有时,应激状态引起的身心紧张有利于主动调动身心各个部分解决当前紧急问题,维持一定的紧张度反而有助于认知功能的发挥,使人做出平时不可能做出的判断和行为,但有时应激状态所造成的高度紧张情况又阻碍了认知功能的正常发挥。高度紧张会造成注意范围狭窄,反应缓慢,思绪迟钝,导致人们正常处理事物能力的全面下降。

例如,某日,在四川省平昌县通河刘家渡口,当一满载乘客的大客车过渡口时,违反客车过渡乘客必须下车的规定,许多乘客仍安坐车内。驾驶人用二挡并踩加速踏板冲上渡船。这时因加速踏板卡死不回位,发动机高速运转,呼声震耳,浓烟直冒,车子一直向船头滑去。驾驶人遇此突发的危险事件,出现应激状态,忘记使用制动器停车,于手忙脚乱之中,只想用脚尖去勾起加速踏板,结果使车子掉入11 m深的激流中,造成淹死多名乘客的重大事故。

第二节　驾驶人情绪的控制与调整

一、驾驶人的情绪管控

在目前十分复杂的交通环境中,驾驶人要想在行车中完全避免遇到任何紧急情况几乎是不可能的,但如果采取适当训练途径和科学的驾驶判断方法,可以减少应激状态出现的次数。

影响行车安全的因素是多种多样的。而人为失误——特别是汽车驾驶人在应激情绪状态下的决策失误,使得许多本来可以避免的事故酿成大祸。因此,通过对驾驶人应激情绪状态下的驾驶行为对行车安全影响的分析,可以看出,汽车驾驶人的应激情绪状态也是影响行车安全的重要因素之一。

有针对性地对驾驶人激情情绪进行管控训练,让驾驶人针对应激状态,提前有心理上、技术上的措施准备,对驾驶人的安全行车有很大的帮助。

(一)提升驾驶人心理素质

对驾驶人进行以提高其心理素质为目的心理训练。驾驶人的心理素质概括起来主要包括以下五个方面的内容:
(1)知觉、判断认识水平。
(2)反应速度、熟练技巧水平。
(3)注意特性的全面品质。
(4)情感意志的优良品质。
(5)气质性格的优良特征。

在直接影响行车安全的所有心理品质中,最重要的是驾驶人对道路情景变化的反应速度。驾驶人在实际驾驶过程中,不断对发现的情况作出判断和处置,最后由手和脚去执行。平时可以有意识地训练手和脚的反应的敏捷性、快速性、准确性;同时也不应忽视驾驶人注意力的训练。驾驶人只有具备了良好的注意品质,才能在行车过程中迅速、及时、清晰、深刻地获得各种交通信息,并把这些信息经过大脑的分析和综合、判断和推理,然后指导正确的驾驶操作,保障行车安全。

(二)提升的措施和方法

那么,具体来说,我们应怎样去观察、分析、了解每个驾驶人的思想情绪,及时帮助他们解决一些实际问题,创造行车前的最佳环境,使他们的情绪保持相对稳定,预防各类交通事故的发生呢?

1. 掌握驾驶人的生理规律

要掌握驾驶人的生理规律,科学地调派车辆、安排任务。这里要强调的一点就是,要继续认真总结和探索已被实践证明行之有效的运用人体生物节律控制事故的经验。大家知道,机动车辆是由人来驾驶操作的,而人又是受一定感情和思想支配的。因此,调派车辆、下达生产任务的部门,一定要根据人、车、道路、气候、任务等实际情况,筛选最合理的派车方案,科学派车切忌只认车不看人。科学派车的关键又在于车管干部。车管干部只有了解掌握其所管理的每个驾驶人的心理、个性、脾气、爱好以及交往等活动规律,派车时才能选择最佳对象。

2. 消除驾驶人的恐惧心理

(1)消除空虚的恐惧心理。

要做好各类出车前的准备,消除驾驶人内心空虚恐惧心理。要消除内心空虚的恐惧心理(驾龄较短的驾驶人表现突出),这就要帮助驾驶人熟悉路况、车况,让他们对自己所驾驶的车辆和所行驶的路线做到心中有数,尤其对不常行走的险要公路或易肇事的路段,请经验比较丰富的老同志介绍情况,不断地讲述行车安全注意事项,进行行车安全"传、帮、带"。制定严格的岗位责任制,实行定人、定车,运输车队应坚持不懈地抓好出车前对车辆的制动、转向、传动等关键部位进行重点检查。

(2)消除担心的恐惧心理。

消除担心的恐惧心理,及时帮助驾驶人解决后顾之忧,消除他们在生活上这样或那样的担心和忧虑。在一般情况下,驾驶人完成任务后,在返回单位的路上总要考虑很多因素。例如,逢年过节,能不能准假回家;遇到车辆保养,能不能赶上进厂等,这样就容易引起部分驾驶人开快车赶路,往往会导致事故的发生。

(3)消除畏惧的恐惧心理。

消除畏惧的恐惧心理(曾经发生过事故的驾驶人表现突出)。过去某单位有这样的教训。驾驶人发生事故后,领导为了让大家从中吸取教训,就对这起事故狠狠地抓,总认为抓得越狠,效果就会越好,但得到的实际效果并不像想象的那样。从心理学的角度分析,某驾驶人出了事故,从他本人的心理上讲情绪就不够好,在同行中已感到有一种自悲心理。应该帮助驾驶人,消除畏惧的恐惧心理。

(4)加强职业道德教育。

加强职业道德教育,不断提高驾驶人的职业道德素质。一个合格的驾驶人,不仅要严格遵守交通法规,自觉维护交通秩序。坚持行车中的"礼让三先",文明驾驶,确保安全行车无事故,而且还要具备豁达开朗的性格和沉着应付行车中所遇到的各种突发事件的基本素质。稳定的思想情绪和高尚的职业道德的培养,积极调整和控制每个驾驶人的情绪,使其在行车中时刻保持良好的心理状态和高度的情绪稳定,克服心理障碍的有力保障,这样会减少或避免许多事故的发生。

3. 提高其技术素质,应对激情状态

对驾驶人进行以提高其技术素质为目的的技能训练,针对应激状态的发生是以其突发性为特征的,必须训练驾驶人掌握正确驾驶车辆的技能,以便在应激发生时,能够实施正确的操作或由于采取了正确的驾驶、判断方法而最大限度地减少应激状态的发生。根据众多的事故报告的分析,预见性驾驶是减少应急状态发生的最佳方法。

所谓预见性驾驶,即指驾驶人在行车过程中针对交通环境中的有关迹象进行分析、判断,从而对前面可能发生的情况做出预先估计,提前采取相应的预防措施,以避免可能发生事故的驾驶方法。

4. 模拟应激情景的训练

对驾驶人进行人为假设应激情景的训练,以提高其心理承受力。

运用训练基地模拟场景和驾驶模拟器训练,可以在训练基地内,人为创设一些与实际相似的应激情景,比如行人突穿公路,自行车突然猛拐、摔倒,机动车辆突然在车前紧急制动,汽油车的制动踏板卡住、持续加速不能自动回位,柴油车的飞车,所驾车辆制动、转向失灵等。利用这些人为设置的应激情景可以使驾驶人亲身体验到应激情绪状态下的心理感受,并为以后的驾车实践积累经验,从而最大限度地克服和避免应激情景的出现时手忙脚乱现象,有效地保证行车安全。

二、驾驶人的路怒管控

(一)路怒症

1. 路怒症定义

路怒症,顾名思义就是带着愤怒去开车。"路怒"是形容在交通阻塞情况下,开车压力与挫折所导致的愤怒情绪,发作者会袭击他人的汽车,有时无辜的同车乘客也会遭殃。医学界把"路怒症"归类为阵发型暴怒障碍,指多重的怒火爆发出来,猛烈程度让人大感意外。

2. "路怒症"的主要表现

开车骂人成常态,容易情绪失控,开车和不开车时的脾气和情绪像两个人,不停打闪灯或者鸣笛、做粗野姿势、跟别人"顶牛"等,也就是"攻击性驾驶"。

处于"路怒"模式下的驾驶员会更难做出正确的选择,更容易诱发车祸,而且有些时候不仅限于言语攻击,具有攻击性的驾驶行为可能直接造成车祸。

3. "路怒症"的表现形式

(1)危险驾驶,包括突然加速或紧急制动,跟车过近。

(2)强行切入别人的车道,或者故意拦挡别人进入自己的车道。

(3)过分地鸣喇叭或打闪灯。

(4)飙车宣泄情绪(与车内乘客怄气)。

(5)做粗野姿势,例如向别人竖中指。

(6)破口大骂或威胁恐吓,故意撞车。

(7)下车来挑衅别的驾驶人,包括用物品打到其他车辆的车身。

(8)开着车投掷物品袭击其他车。

(9)吐口水。

(10)开车飙脏话。

(11)焦躁,不停按喇叭。

(12)以牙还牙,报复违章行为。

(13)有打人的冲动。

(14)跟车里的乘客争执。

（15）其他症状。

网络调查结果如图9-1所示。

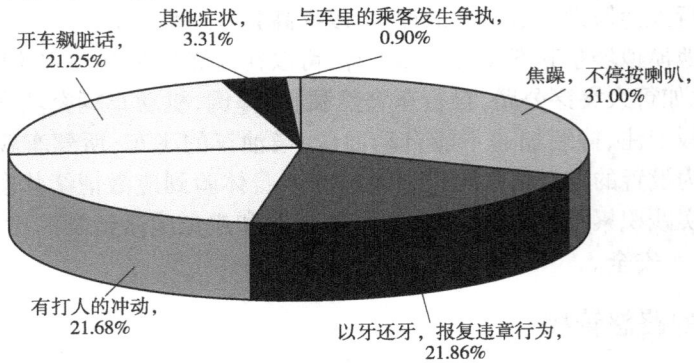

图9-1 驾驶人路怒症的驾驶行为调查数据

4."路怒症"的内在原因

"路怒症"的内在原因,一些人认为"路怒症"的愤怒是生活压力的表现。但是根据这些研究数据,我们或许能够透过现象看到一些内在的原因。首先从情绪产生的角度讲,"路怒"特质、不适宜状态、不合理信念和不恰当的认知都可以是"路怒"的元凶。"路怒症"的危害性(图9-2)包括:

（1）容易引发交通事故。

（2）容易造成交通拥堵。

（3）可能导致刑事案件。

（4）影响自己的身体和心理健康。

（5）影响自己的人际关系。

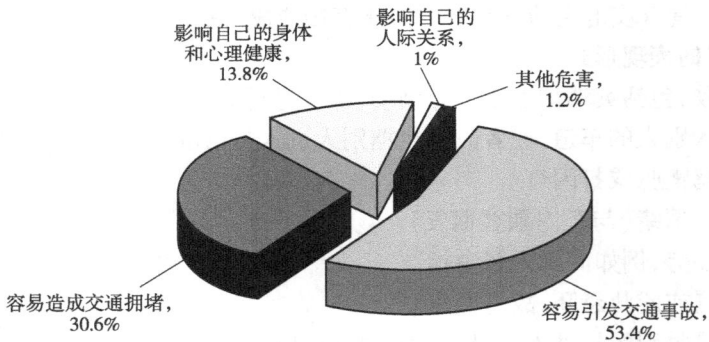

图9-2 驾驶人路怒症的危害性调查数据

（二）驾驶人的路怒管控

1."路怒症"的预防

要治疗有驾驶人日渐严重的"路怒症",需要从心理治疗、提高行车素养和疏导公共交通等方面入手。

在目前驾驶人员素质与公共交通等外界因素无法有效改变的情况下,防止"路怒症"最切实的做法是做好自我调节,让心情"慢下来"。因此,在每次出行时尽量提早出门,让行车时间更充足,有了时间,在适当情况下还可有意识放慢车速,让自己尽量从容些。遇到堵车,待在车里听听音乐或摆弄一些有趣的小玩意以转移注意力。另外,驾驶人还需要从心理治疗和提高行车素养等方面入手,学会自我心理调节,情绪激动时不驾车。

目前,英国、芬兰、韩国等国家每年都会对驾驶人进行心理测评,合格者方准上路,这种做法我国也可借鉴。

2. 预防"路怒症"驾驶人的攻击

行车过程中发现其他车辆驾驶员在你不经意的干扰下开始情绪失控,路怒症的表现开始体现时,驾驶人应注意几点:

(1)提高注意力,驾驶人应双手握紧转向盘,准备紧急制动,因为对方极有可能随时制动或强行变道。

(2)不要超车,尾随其后,保持车距,如果超车可能会再次激怒对方,后面的危险驾驶会更加猛烈。

(3)对碰到长时间与你纠缠的严重路怒症驾驶人时,应赶快报警求救。

(4)碰到路怒症驾驶人,千万不要与其拼杀,否则最后会是两败俱伤。

(5)碰到将自己车辆别停了,千万不要下车进行理论,因为下车理论后果可能更加激怒对方,发展为肢体冲突。应锁好车门及时报警。

(6)如果在驾驶车辆时不小心激怒对方,应及时采样招手、敬礼表示歉意,可能会避免对方出去攻击手段。

第三节 驾驶心理适应性与社会责任感

在人、车、路、交通环境组织的道路行车系统中,人、车、路、环境等因素都能引起驾驶员心理变化,了解汽车驾驶人在交通活动中的心理变化以及应对危险处境的反应,从而能够找到合适的定性或定量指标标定驾驶人的心理对行车安全的影响大小,进而更好地利用有利心理因素、排除不良心理因素,保障驾驶人行车安全。

一、影响驾驶人行车安全的主要心理因素

1. 个性与行车安全

(1)外向型性格比内向型性格更容易肇事,且随着外向型程度的增加,肇事可能性增大。

(2)经常违章和肇事的驾驶人个性表现为易冲动、易紧张、偏执、偏激、自私、疑心、压抑、过分自信等;安全驾驶人更多地表现为敏感、紧张程度高、爱思考、冷静。

2. 情绪与行车安全

发现驾驶人不良情绪主要有以下几种表现:

(1)急躁情绪。驾驶人或为了赶时间,尽快完成某项运输任务,或路遇拥挤堵塞的道路,多容易产生急躁情绪。

(2)紧张情绪。有些驾驶人由于技术不高,驾驶不熟练,再加上时间紧、任务重,容易产生紧张情绪。

（3）犹豫情绪。驾驶人在行车中,或因驾驶技术不熟练,或因情况判断不佳,或因未处理过类似情况,而产生犹豫情绪。

（4）愤怒情绪。有些驾驶人在行车时,或是因为与乘客发生矛盾,或受到来自他人连续不断的鸣笛、强行超车等方面的刺激干扰,常引起愤怒情绪。

3. 注意与行车安全

驾驶人注意不当和不注意是产生的事故占总数的 20% 以上。驾驶人在行车过程中,面临着来自信号灯、行人、车辆路面状况等各种信息,有些驾驶人没有把注意力指向和集中于驾驶的车辆上,如边开车边与人聊天,或被周围其他事物所吸引,导致注意范围变小,容易发生行车事故。

二、防止行车事故的心理学管理对策

（1）实施驾驶人岗位适宜性检验,把好驾驶员聘用关。

（2）建立驾驶人心理档案,实行针对性心理教育。

（3）创造轻松的工作环境,调适驾驶人的情感心理环境。

（4）开展驾驶人心理素质训练,提高其临危处置能力。

（5）开展驾驶人心理咨询、辅导。

三、提高驾驶人心理素质的对策

1. 驾驶人必须具备良好的职业道德

良好的职业道德可以帮助纠正驾驶人不健康的心理,使其形成良好的信念、习惯和约束行为,可以调整个人和社会以及人们彼此之间的关系。所以道路运输驾驶人要以高度社会责任感的热爱驾驶工作,明确自己职业的责任,忠于职守,爱岗敬业。在日常行车中,以交通法规为准则,不论在什么情况下,坚决不做违犯交通法规、违反安全制度的事情,自觉维护交通秩序,增强自我管教和约束能力,不开赌气车、不开英雄车、不开带病车,发生矛盾主动礼让,出现意外尽量忍耐,坚持文明行车。

2. 必须具备良好的身体素质

身体是承受艰苦工作和精神折磨的物质基础,身体状况不同,也会造成对待挫折态度的不同。驾驶人要能适应艰苦条件下的劳动,身体应该完全没有影响驾驶工作的疾病,当驾驶人疲劳过度,患有疾病时就会出现血压不正常,心脏功能不全,遇到紧急情况就会心理紧张,甚至昏厥,这是非常危险的。如果听力视力达不到驾驶要求,就不能把行车中遇到的各种情况迅速传至中枢神经,做出正确的反应和判断,以致发生行车事故。所以作为一名道路运输驾驶人应具备良好的身体素质,在行车过程中不感到疲劳,精力充沛,能够从容不迫地应付行车中各种异常情况和心理上的压力。

3. 必须具备良好的心理素质

驾驶汽车要求沉着冷静,反应迅速,动作敏捷,操作准确,反常心理活动必然导致不良的行为后果。驾驶人在行车中无论遇到什么情况,当发现自己情绪不稳定时,要进行自我调解和疏导,用各种方法缓解消极情感,尽量减少对行车安全的影响,提高在各种复杂情况下反应能力、精神承受压力和自我控制调节的应激能力,养成坚定、顽强、沉着、果断、机智的品格,不为情绪左右,不为外界事物分散精力,形成安全驾驶所要求的心理定势,能用正确敏捷的思路在极短的时间内迅速、果断、安全有效地处理瞬息万变的交通情况。

4. 必须具备良好的思想素质

影响驾驶人心理稳定的因素是多种多样的,有些受社会上各种不正确的人际观、价值观、道德观的影响,染上了许多不良习气,不能正确判别事物良莠,把握是非标准;有的人心胸狭窄,个人主义严重,不能正确处理个人与集体的关系和对待各种利益的调整。作为一名道路运输驾驶人应该有高度的政治觉悟,良好的道德修养和顽强的意志力,有正确的人生观和良好的思想素质,凡事要从大局出发,思前想后,不断增强自我疏导和道德鉴评能力,消除心理上的逆反心理,牢固树立对国家和人民负责的高度安全责任感,真正做到"车行万里路,处处保平安"。

5. 必须具备良好的驾驶习惯

良好的习惯一旦形成,就具有使动作、行为自动化的作用,如果良好的动作、行为成习惯,有些处世办事方式也可以成为习惯;反之,如果养成某种不良习惯后,就会以一种惰性心理阻碍接受正确的东西。所以道路运输驾驶人要坚决杜绝一些强烈的、主动的、长期从事的不良嗜好,时刻把乘客和车辆的安全放在心中,不赌博、不酗酒、不吸烟,生活上要有规律,健康有益的娱乐活动也要有节制,学会用健康的心理体育活动保健自己,形成热爱学习、钻研技术、爱惜车辆、作风顽强、团结战斗的氛围,逐渐养成从不习惯到习惯、从不自觉到自觉、培养严格遵守制度的好习惯。

四、驾驶人的个性心理与行车安全

1. 要适时调节情绪

在满意高兴时驾车,对所遇情况反应灵敏度高,精力充沛精神集中,观察分析情况灵敏,处理情况果断;当遇到不愉快的事情,如行车途中遇有不礼貌的驾驶人、车辆中途出现故障等情况时,要注意随时调整心情,不被情绪影响,以免导致开车时精力不集中,产生一连串的连锁反应,造成不应有的后果。做到不开带病车,不带思想包袱开车,不开情绪车。

2. 克服性格缺陷造成的不安全因素

人的性格各有所异,不同性格的人处理事情的方式、方法也不尽相同,有的人细心、责任心强,有的人粗枝大叶、马马虎虎。性格与安全行车有很大的联系,形成一种良好的性格,是安全行车的前提条件,行车过程中要心细胆大,处事果断,冷静分析遇到的各种情况。平时要注意加强学习,注意思想修养,在实践中总结经验,不断锻炼自己,久而久之就会养成良好的性格。

3. 坚强的意志是安全驾驶的重要因素

一个人想要具有坚强的意志、蔑视和克服困难的精神,具备坚强的意志,须经一个长期的锻炼过程才能修养成。在驾车过程中充分发挥自己的聪明才智,克服车辆驾驶中的各种困难,处理好复杂的道路和环境情况,善于控制自己的情绪,约束自己的言行,克服不良的思想倾向,不急躁、不斗气,不开"英雄"车,不开"情绪"车,始终保持良好的心境。

五、优秀驾驶人的心理素质训练

由于人在道路系统中的主导性作用,各国交通安全研究人员都将驾驶人主观危险预测能力的提高作为重要的研究方向之一,通过对驾驶人进行培训,使之存储一定量的驾驶行为经验模式,来提高危险预测能力,使驾驶人高速、高效、安全地完成驾驶任务。

1. 训练内容

(1)交通突变先兆信息的感知预判能力训练。

(2)车速的感知判断能力训练。

(3)注意力训练。

(4)驾驶技能训练。

2. 训练方法

目前对于驾驶人的危险预测能力的训练方法主要有集体教育和厅式讨论教育。

(1)集体教育:学员被动的接受教育信息,不能发挥人的主观能动性难以得到好的效果。

(2)厅式讨论教育:每个学员就"怎样做才能防止事故"主动思考,培养出能够独立思考、有独立能力的驾驶人,是有意义的教育手段。厅式讨论教育作为训练驾驶人危险预测能力的应作为主要方法。

3. 危险场景模拟画面的构建方法

(1)静态场景。

对驾驶人进行危险预测能力训练时,先采用静态的场景,让驾驶人观察场景画面,并让驾驶人回答一些问题,来考察其能否正确地预测潜在危险。后采用动态交通场景,能对真实交通危险场景进行再现,让驾驶人感受到一个动态的交通环境,使培训者获得深刻的培训体验。可以先用静态场景对驾驶人进行厅式讨论教育,再用动态可交互的危险场景画面对驾驶人进行测试。

(2)仿真技术再现危险场景。

可视化仿真技术再现危险场景的静、动态画面。可视化仿真即用可视化技术对某一个系统进行仿真,仿真的帧频率一般是变化的场景进行驱动实现动态交互,用于对驾驶人进行测试。

4. 训练步骤

训练初设五个场景,培训的步骤设计如下:

(1)初级场景观察训练。

将潜在危险还没有显现的场景画面以受训车辆驾驶人的视角展现。将每个场景的"场景描述"用语音或者字幕的方式告知受训者,并为每个场景提出一些针对性问题,观测其有没有意识到潜在可能出现的危险及准备如何驾驶。此阶段每个场景的训练需要 2min,总共需要 10min。

(2)进行第一轮厅式讨论。

安排一名相当于讨论主持人的教练,安排学员对 5 个最初场景及其针对性问题进行讨论,每个场景讨论 5min 左右,总共需要 25min 左右。

(3)透视场景、多视角场景观察训练。

训练使用开发三维静态模拟场景,将每个场景中挡住潜在危险的障碍物表面进行透视处理,让学员看到隐藏的危险因素,让其更进一步加深对潜在危险的认识,引导驾驶人预测接下来可能发生的突变场面。针对每个场景提出问题,包括所持态度及准备采取的措施等。此阶段的每个场景的训练需要 3min,总共需要 15min。

(4)进行第二轮厅式讨论。

对(3)中展示的场景及其针对性问题进行第二轮讨论,最后由教练讲解正确的应对措施,每个场景讨论所需要的时间为 10min 左右,总共需要 50min 左右。

(5)测试。

用动态场景对驾驶人进行测试,驾驶人可以通过外部硬件设备对运行状况实现控制,实现加速、转向、紧急制动等功能,观察其危险预测能力是否提高。总共需要 5min 左右。

(6)评估。

组织人员检查学员训练结果,并将此结果作为评价其危险预测能力的主要依据,并为每个驾驶人建立评估档案,以便日后对驾驶人进行进一步训练。本培训目的是提高驾驶人对潜在危险的感知、预判能力,全部场景训练、厅式讨论和个人测试需要 105min 左右。

5. 集体教育效果

集体教育属于给予式教育,学员被动接受集中教育,以教师(教练)授课为主要方式,防止事故再次发生,其传授的应对方法对学员的危险预测能力无显著提高。

6. 厅式讨论教育效果

厅式讨论教育属于互动式、启发式教学,引导学员自己思考,调动积极性,以分组、分班讨论为主要方式预防事故的发生,能够培养学员的自主判断和思考,对驾驶危险的预测能力有明显提高。

六、构建安全驾驶心理防线

道路交通安全行车主要离不开人、车、路及交通环境四大要素。道路交通法规是所有参与交通活动和安全行车基本的也是最重要的保证。为了探索交通事故的成因,构建安全驾驶心理防线,就道路交通法规与人、车、路、交通环境形成行车网络(图 9-3),构建安全驾驶心理防线。

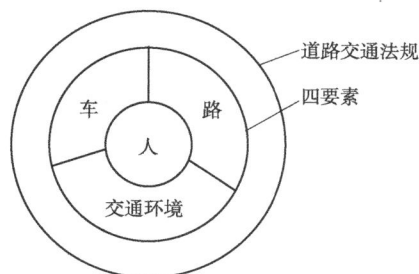

图 9-3 交通法规与人、车、路、交通环境行车网络

(一)人、车、路、交通环境行车网络

道路交通状况是千变万化的,道路的交通事故是各种各样的,是随机事件,对象错综复杂。原因和责任均不能用一个数学的表达式描述出来,但行车主要离不开人、车、路、交通环境四个要素,而这四个要素可以组合成一个行车网络系统。

交通事故的成因可以用这个行车系统网络来解释。

1. 行车网络

行车网络是由人、车、路、交通环境构成的动态复合系统(图 9-4)。其中人是主要因素,是这个行车网络中的组织和协调者,处在核心支配地位。假定外圈(这是一个定性的圈)是行车网络的安全极限临界圈。那么当各个要素在千变万化的道路交通中,各要素都维持在这个临界圈内,行车网络就是安全的。而超出这个临界圈,就会发生交通事故。

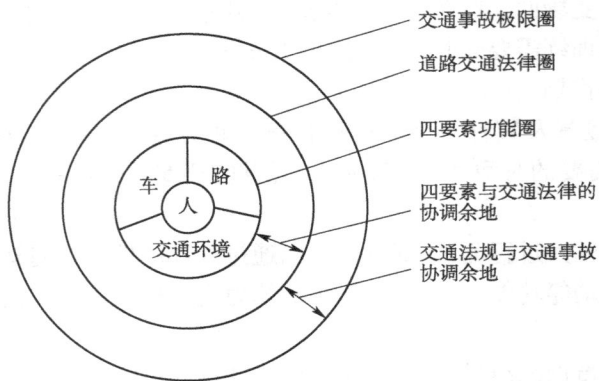

图 9-4　道路交通行车网络事故圈

在这个行车网络当中。四个要素构成了具有特定功能的整体。在这个整体中,它们具有互相依赖、互相协调的功能,相互作为特定的不可分割的有机联系整体,其中任何一个要素发生变化,都不再具有独立的特质,而是对行车网络产生影响。如果系统中某一个要素或者多个要素,同时出现非正常状态(或者失误),而产生不安全因素,将危及行车网络安全,冲击行车网络的极限圈,这时行车网络可以自我协调互补,其结果有两种情况:一是经协调后没有突破网络极限临界线,虽然已经形成安全的隐患,但在协调互补的情况下转危为安;二是各要素无法相互协调互补,突破了行车网络极限圈,交通事故就不可避免地发生了。

(1)人的因素。

人主要是指各类机动车驾驶人、骑自行车的人、行人、乘客、交通管理人员,以及一起参与道路活动的人,处在行车网络的中心。而机动车驾驶人由于掌控机动车的行驶,在交通中处于强者的位置,因而在行车网络中是人这一要素中最关键的要素。统计资料表明,70%以上的交通事故由驾驶人负责,因驾驶人违章和失误造成交通事故是最主要的因素。

(2)车的因素。

有关资料表明,目前中国汽车保有量已达 2 亿辆,私人小汽车总量超过 1.5 亿辆。汽车的技术状况和驾驶性能已经有了很大的改善,汽车的安全机件也有了很好的保障,只要按照正常的保养和维护,相对来说是比较安全的。如果车辆带"病"行驶,那将给安全行车带来严重的事故的隐患。

(3)路的因素。

我国的道路已经有很大的发展和很好的改善,极大地改善了道路通行功能。但是道路的建设,还是不能满足机动车日益快速增长需要。城市道路和城乡公路还有很多是混合式交通。有些道路的建设和设施,还不能够满足道路交通安全性能需要,给安全行车带来了隐患。

(4)交通环境。

交通设施设备,交通显示信号及设施还不够完善。社会性交通环境主要是道路交通的参与者,特别是全民的交通安全意识缺乏,高峰时人流如水,不遵守道路交通法规行为时有发生。时间上空间上管理不善,交通参与者主要是机动车驾驶人,随时可能遇到突然而且难以应付的交通情况,因此交通环境是当前交通事故不可忽视的重要原因。

(二)道路交通事故的成因

行车网络作为由人、车、路、交通环境的主要因素构成的动态复合系统,协调、处理千变万化的交通情况。在通常情况下,系统是比较稳定的,如果当行车网络内的各要素出现不稳定因素,并严重冲击了行车网络,使网络失去了稳态,超出了网络所能承受的协调、处理能力,那么就必然要发生交通事故。从广义上来说,交通事故的成因是危及并破坏了行车网络的稳定性。

(1)交通事故。

交通事故,是指车辆驾驶人、行人、乘车人以及其他在道路上进行交通活动有关的人,因为违反《中华人民共和国道路交通安全法》和其他有关道路交通法规规章的行为,造成人员伤亡或财产损失的事故。法学观点认为,车辆在道路交通活动中,由于交通参与者的过失,或者无过失的应受到法律制裁的行为所造成的人员伤亡、车物损失事件称之为交通事故。交通事故是交通参与者的故事行为,出现不安全的因素,在交通状态中造成后果的交通事件。

(2)行车网络的协调功能。

当行车网络中的某一要素发生失误并出现了不安全的因素,危及了行车网络的稳定状态,那么网络内的各要素,尤其是人,就要进行协调,采取各种应急措施,相互补偿,以期把不安全的因素稳定在网络的极限圈内,从而避免交通事故的发生。如果采取的措施不当,或者过失行为,不安全因素超出了这个网络的协调功能,那么交通事故就无法避免。

如某车队的驾驶人施某,在开车回程途中,突然听到锣声,侧目一看路边的操场上,马戏团正在上演的精彩节目,于是不知不觉多看了几秒钟,而就在这几秒钟时间里,汽车已驶入左侧路面,迎面而来的自行车,看到汽车冲向自己,急忙下车向路边避让。施某收回视线,一看顿时一身冷汗,立即采取措施,向右急打转向盘,幸好在关键时刻,汽车和自行车同时采取避让措施,而未发生交通事故。在这次事件中,由于是驾驶人施某这"人"的因素在系统中失误,违反《中华人民共和国道路交通安全法》安全原则,出现了不安全因素,而行车网络中的车、路、和交通环境,在"人"采取紧急措施下,得到了相互补偿,相互协调,而未突破行车网络的极限圈。假如迎面而来的自行车不是采取紧急制动,向路边避让,而是惊慌失措,摔倒在施某的车前。这时系统中的人和交通环境,都出现了不安全因素,而且冲击了行车网络,如果自行车摔倒离汽车很近,汽车紧急制动也无济于事,那么几个要素的叠加,将使行车网络内的诸要素超出了系统的协调承受能力,一起交通事故将无法避免,这就是由于一个要素出现不安全因素,使整个网络出现紊乱,道路交通行车网络系统进行协调的过程和结果。

(3)行车网络协调功能规律。

从行车网络的四个要素来看,在我国目前交通状况下,每个单一要素中都相对存在着一些不稳定的因素,尤其是人。其中人的因素稳定与否又是至关重要的。就从同一个车队来说,在车辆道路交通环境大体相当时,为什么有的驾驶人经常出现事故,有的驾驶人几十年都未出现过事故。把这一客观现象放到行车网络里加以分析,可以认为:第一,人主要是指驾驶人,是各要素中最重要的要素,在网络的协调互补功能中起决定作用;第二,各要素都尽量地保持在稳定和比较稳定的状态,那么网络的协调功能就大,互补的余地就宽,这要通过人来实现;第三,交通事故的出现,是四个要素相互协调、互补的失败,而相互协调互补失败,其中大部分原因是应急措施不当,或者人本身的要素发生失误所致。因此每个驾驶人、驾驶车辆都处于行车网络之中,都在自觉和不自觉地运用网络的协调功能,来处理复杂的交通情况,能否充分发挥人这一要素的核心作用,使自己在行车网络中保持稳定状态,发挥最大的协调能力,这是隐蔽在安全行车后面的一条规律。

(三)道路交通法规是维护行车网络稳定的决定因素

1. 道路交通法规在行车网络中的作用

道路交通法规是人们在道路上参与交通行为的法律总称,是我国依法管理道路交通、维护交通秩序、保障交通安全和畅通为目的而制定的。如《中华人民共和国道路交通安全法》《中华人民共和国道路交通安全法实施条例》,规定了道路交通行为使用规范,使参与交通活动有法可依、有章可循,使驾驶人知法、懂法、守法,具有严密的科学依据,也是用血的代价和巨大的经济损失总结出来的,符合我国国情的经验和教训。

2. 违章和失误是行车网络发生紊乱的根本原因

一起交通事故的发生,从行车网络系统来看,必须具备一个前提条件、一个过程及一个结果。前提条件是违章和失误,也就是网络中的各要素,首先要冲击道路交通法规圈并超出这个圈。过程是单一要素违章出现不安全要素,并超出道路交通法规圈,使行车网络发生紊乱。各要素在道路交通法规圈与行车网络的极限圈之间,对这一地带进行补偿和相互协调。这个过程能否遏制交通事故的发生,这就要看该要素违章和失误的程度,以及由其他要素叠加和互补的情况来决定。那么后果及交通事故或成为事实,必须是行车网络协调失败,各要素的不安全因素的整体突破了行车网络极限圈。

道路交通法规需要保障交通安全与畅通。因此道路交通法规圈和行车网络极限圈,这中间不是一个宽阔的地带,但又留出了协调的余地。这就是为什么有些驾驶人和行人有违章现象,而没有对应品尝交通事故的苦果。那么从另一个角度来看,凡是品尝的交通事故后果的人,都是违反了交通法规(或操作失误),并突破了交通法规圈。

(四)构建安全驾驶心理防线

道路交通安全心理学研究成果表明,作为一名驾驶人,尤其是道路运输驾驶人,要想在道路运输行为中不发生交通事故,或者不发生由本人负有责任的交通事故,就要做到以下两条:自觉遵守道路交通法律法规和不发生驾驶操作失误行为。在道路行车网络中,发挥最大的协调能力,处理复杂的道路交通情况,避免和不发生交通事故。

1. 自觉遵守道路交通法律法规

自觉遵守道路交通法律法规,是作为一名道路运输驾驶人把道路交通法律法规作为安全驾驶的生命线,从心理上有一个高度的认识,自觉自愿地履行,在道路运输行为中,以道路交通法律法规为安全驾驶的准则。

2.有高度的社会责任感

道路运输驾驶人需要有高度的社会责任感,对社会负责、对单位负责、对客户负责、对乘客负责。宽以待人,严于律己。有良好的职业道德,为人民服务的精神。

3.构建安全驾驶心理防线

有一个良好的心态,在道路运输行为中,调整好自己的心态,控制好自己的情绪,构建安全驾驶心理防线,不违法,不违规,不斗气。把交通安全心理学的知识和成果运用到实际的驾驶工作中,努力改善和提高自己的驾驶适应性,从心理上做一个安全型的驾驶人。

4.有良好的生理素质

道路运输驾驶人,需要有良好的生理素质。努力保持和提高自己的生理驾驶适应性,使自己的视觉、听觉等身体器官符合要求。锻炼身体,注意休息,保持充沛的体力,以便于胜任复杂繁重的驾驶工作。

5.谨慎驾驶,不发生操作失误行为

道路运输驾驶人工作时间长,驾驶任务重,心理压力大,还要面对复杂的道路交通情况。在驾驶操作中,不能发生操作失误行为。因此需要驾驶人既要有熟练而规范的驾驶本领,更需要谨慎驾驶的心理和实践,还需要有防范性驾驶的意识,保证驾驶安全。

检验评估

1.什么是情绪?

2.情绪主要有哪些主要的因素?

3.影响驾驶人安全行车的不良情绪有哪些?

4.路怒症对驾驶人安全行车有哪些危害?

5.防止行车事故的心理学管理对策有哪些?

6.优秀驾驶人的心理素质训练有哪些主要内容?

7.什么是厅式讨论教育心理训练?

8.什么是人、车、路、交通环境行车网络?

9.构建安全驾驶心理防线的要点哪些?

参 考 文 献

[1] 彭聃龄. 普通心理学[M]. 北京: 北京师范大学出版社, 2004.

[2] 常若松. 汽车驾驶员安全心理学手册[M]. 北京: 人民交通出版社, 2014.

[3] 林松. 驾驶员与乘客心理学[M]. 北京: 中国物资出版社, 2011.

[4] 张卫华. 道路交通安全[M]. 北京: 人民交通出版社股份有限公司, 2016.

[5] 桂守才. 基础心理学[M]. 北京: 人民教育出版社, 2007.

[6] 安徽省道路运输协会. 安徽省机动车驾驶教练员从业资格培训教材[M]. 合肥: 安徽教育出版社, 2010.

[7] 马文瑶. 驾驶员危险知觉训练研究述评[J]. 人类工效学, 2015, 6.

[8] 姚云. 基于认知心理学的指路标志信息与信息密度阈值研究[C]. 西华大学硕士论文, 2009.

[9] 贾洪飞. 基于认知心理学的驾驶员信息加工模式研究[J]. 中国安全科学学报, 2006.

[10] 都萌, 等. 提高驾驶员危险预测能力的训练方法研究[J]. 科技资讯, 2011.

[11] 陈队永. 对驾驶员应激训练的分析与实验[J]. 公路与汽运学报, 2004.

[12] 朱汝宗. 职业汽车驾驶员的应激反应能力培训[J]. 陕西交通职业技术学院学报, 2012.

人民交通出版社汽车类技工教材部分书目

一、全国交通技工院校汽车运输类专业规划教材（第五轮）

书　号	书　名	作　者	定　价	出版时间	课　件
978-7-114-10637-8	汽车文化	杨雪茹	35.00	2016.08	有
978-7-114-10648-4	钳工工艺	李永吉	17.00	2014.08	有
978-7-114-10459-6	汽车机械基础	刘根平	22.00	2016.07	有
978-7-114-10458-9	汽车发动机结构与拆装	程　晟	27.00	2015.06	有
978-7-114-10456-5	汽车底盘结构与拆装	王　健	39.00	2015.06	有
978-7-114-10686-6	汽车电器结构与拆装	许云珍	30.00	2016.05	有
978-7-114-10604-0	汽车使用与日常维护	李春生	25.00	2016.02	有
978-7-114-10527-2	汽车发动机检修	王忠良	39.00	2015.06	有
978-7-114-10573-9	汽车变速器与驱动桥检修	戴良鸿	28.00	2016.05	有
978-7-114-10454-1	汽车转向、悬架和制动系统检修	樊海林	24.00	2015.05	有
978-7-114-10627-9	汽车实用英语	杨意品	17.00	2013.07	有
978-7-114-10518-0	汽车服务企业管理	应建明	19.00	2016.07	有
978-7-114-10536-4	汽车结构与拆装	邢春霞	40.00	2015.07	有
978-7-114-10457-2	汽车钣金基础	姚秀驰	32.00	2013.05	有
978-7-114-10444-2	汽车车身碰撞估损	石　琳	23.00	2017.07	有
978-7-114-10612-5	汽车美容	彭本忠	20.00	2015.06	有
978-7-114-10758-0	汽车装饰与改装	梁　登	32.00	2013.08	有
978-7-114-10580-7	汽车营销	郑超文	25.00	2016.05	有
978-7-114-10477-0	汽车配件管理	卫云贵	25.00	2015.02	
978-7-114-10597-5	汽车营销法规	邵伟军	23.00	2013.06	有
978-7-114-10528-9	汽车保险与理赔	刘冬梅	22.00	2016.05	有
978-7-114-10999-7	汽车电器与空调系统检修	潘承炜	45.00	2015.05	有
978-7-114-11135-8	汽车车身涂装	曾志安	32.00	2014.03	有
978-7-114-10881-5	汽车营销礼仪	吴晓斌	30.00	2015.08	有

二、全国中等职业技术学校汽车类专业通用教材

书　号	书　名	作　者	定　价	出版时间	课　件
978-7-114-13417-3	汽车发动机构造与维修（第二版）	吕秋霞	43.00	2016.12	有
978-7-114-13818-8	汽车发动机构造与维修习题集及习题集解（第二版）	吕秋霞	15.00	2017.06	
978-7-114-13016-8	汽车底盘构造与维修（第二版）	徐华东	32.00	2016.07	有
978-7-114-13479-1	汽车底盘构造与维修习题集及习题集解	徐华东	21.00	2016.12	
978-7-114-13007-6	汽车电气设备构造与维修（第二版）	张茂国	42.00	2016.07	有
978-7-114-13521-7	汽车电气设备构造与维修习题集及习题集解	张茂国	23.00	2016.12	
978-7-114-13227-8	机械识图（第二版）	冯建平	25.00	2016.12	
978-7-114-13350-3	机械识图习题集及习题集解（第二版）	冯建平	25.00	2016.11	
978-7-114-12997-1	电工与电子技术基础（第二版）	窦敬仁	34.00	2016.07	有
978-7-114-12891-2	汽车专业英语（第二版）	王　蕾	15.00	2016.05	有
978-7-114-13014-4	汽车故障诊断与检测技术（第二版）	王　囡	36.00	2016.07	有
978-7-114-13169-1	汽车维修基础（第二版）	毛兴中	24.00	2016.08	有
978-7-114-13136-3	汽车运用基础（第二版）	冯宝山	29.00	2016.07	有

书　号	书　名	作　者	定价	出版时间	课　件
978-7-114-13200-1	汽车电路识图（第二版）	田小农	21.00	2016.09	有
978-7-114-13162-2	钳工与焊接工艺（第二版）	宋庆阳	22.00	2016.07	有
978-7-114-13296-4	汽车维修企业管理（第二版）	杨建良	19.00	2016.09	有
978-7-114-11750-3	汽车安全驾驶技术（第二版）	范　立	39.00	2016.05	有
即将出版	汽车故障诊断与综合检测（第二版）	杨永先			有
978-7-114-13738-9	发动机与汽车理论（第二版）	徐华东	16.00	2017.06	有
即将出版	汽车维修案例分析（第二版）	王　征			有
即将出版	汽车维修标准与规范（第二版）	杨承明			有
即将出版	汽车服务工程（第二版）	王旭荣			有
即将出版	公差配合与技术测量（第二版）	刘　涛			有
即将出版	新能源汽车概论	樊海林			有
即将出版	汽车单片机及车载网络系统（第二版）	林为群			有
即将出版	专业技术论文与科研报告撰写（第二版）	裘玉平			有

三、国家示范性中职院校工学结合一体化课程改革教材

书　号	书　名	作　者	定价	出版时间	课　件
978-7-114-11778-7	汽车电学基础	梁　勇、唐李珍	18.00	2016.05	有
978-7-114-11757-2	汽车检测与维修技术（初级学习领域一）	赵晚春、李爱萍	28.00	2016.05	有
978-7-114-11766-4	汽车检测与维修技术（初级学习领域二）	刘小强、黄　磊	21.00	2016.02	有
978-7-114-11779-4	汽车检测与维修技术（中级学习领域一）	梁　华、何弘亮	28.00	2015.01	有
978-7-114-11820-3	汽车检测与维修技术（中级学习领域二）	莫春华、雷　冰	32.00	2015.02	有
978-7-114-11933-0	汽车检测与维修技术（高级学习领域一）	潘利丹、李宣箱	23.00	2015.03	有
978-7-114-11944-6	汽车检测与维修技术（高级学习领域二）	张东山、韦　坚	34.00	2015.03	有
978-7-114-11880-7	汽车车身修复基础	冯培林、韦军新	42.00	2016.05	有
978-7-114-11844-9	汽车车身修复技术	冯培林、韦军新	39.00	2015.03	有
978-7-114-11885-2	汽车商务口语	郑超文、林柳波	23.00	2016.05	有
978-7-114-11973-6	二手车销售实务	陆向华	26.00	2015.04	有
978-7-114-12087-9	运输实务管理	谢毅松	22.00	2015.05	有
978-7-114-12098-5	仓储与配送	谢毅松、罗　莎	24.00	2015.05	有

四、全国交通中等职业技术学校通用教材（第四轮）

书　号	书　名	作　者	定价	出版时间	课　件
978-7-114-05244-6	汽车发动机构造与维修	张弟宁	45.00	2014.07	
978-7-114-05184-5	汽车底盘构造与维修	崔振民	32.00	2015.06	
978-7-114-05188-3	汽车电气设备构造与维修	张茂国	36.00	2015.04	
978-7-114-05176-0	汽车故障诊断与检测技术	杨海泉	30.00	2016.02	
978-7-114-05207-1	汽车运用基础	冯宝山	18.00	2015.07	
978-7-114-05243-9	汽车维修基础	毛兴中	18.00	2015.01	
978-7-114-05208-8	计算机应用基础	王骁勇	28.00	2008.03	
978-7-114-05190-6	机械识图	冯建平	18.00	2016.07	
978-7-114-05162-3	机械识图习题集及习题集解	冯建平	28.00	2016.06	
978-7-114-05193-7	钳工与焊接工艺	宋庆阳	19.00	2015.12	

咨询电话：010-85285962010-85285977. 咨询QQ：616507284；99735898